Dieses Buch möchten wir unseren beiden Kindern Elisa und Alessandro widmen. Elisa, hat mit viel Geduld und grossem Sachverstand die Rezepte schriftlich festgehalten und in den Computer übertragen, hat die Zutaten und die Mengen kontrolliert. Sie ist auch sonst eine grossartige Tochter und in sämtlichen Belangen eine wunderbare Hilfe.

Alessandro, hat uns bei der Arbeit durch seine munteren Spiele aufgeheitert. Seiner Schwester hat er bei den manchmal gar langweiligen Schreibarbeiten bestimmt die Zeit vertrieben.

Das Ergebnis, das aus dem Sinn für alte, kulturelle Werte in Küche und Familie entstanden ist, liegt nun, liebe Leserinnen und Leser, vor Ihnen. Es soll Ihnen viel Genuss bereiten und Sie dazu anregen, sich selber und Ihre Freunde und Gäste mit etwas Gutem glücklich zu machen.

Claudia und Tonino Verro-Francalanci

Claudia und Tonino Verro-Francalanci

La Cucina della Contea

Traditionelle Rezepte aus dem Herzen des Piemont

Mit Texten von Doris Blum
Fotografiert von Evelyn und Jean Pierre König

AT Verlag

Inhalt

Neive

Sofern nicht anders vermerkt,
sind die Rezepte für 4 Personen berechnet.

Es darf auch manchmal Trüffel sein

Die Idee zu diesem Buch war so reif wie im September die prallen Feigen in Claudias Garten. Die Entscheidung fiel vielleicht schon vor einigen Jahren, eines vorgerückten Mittags im Herbst, zu einer Zeit also, wo man einer piemontesischen Köchin keine journalistischen Fragen stellt, sondern ihr einfach nur zusieht, wenn man etwas über sie erfahren will. Irgendwann später, es war ein Sommer, trafen wir uns wieder in derselben Küche, diesmal für eine ausgiebige Reportage über die andere kulinarische Seite des Piemont, das heisst jene ohne Trüffel.

Aus diesem grossen gegenseitigen Vertrauen und mit viel Spontaneität ist das vorliegende Buch entstanden. Es soll und kann kein umfassendes Bild der piemontesischen Küche vermitteln. Allein schon geografisch könnte man grösser ausholen, bis weit an die Grenzen Liguriens oder an die Ufer des Lago Maggiore oder zu den Alpenpässen nach Frankreich. Was Sie im folgenden geniessen, ist geprägt von der Landschaft der Langhe und einer Küche, wie sie im Ristorante La Contea in Neive gepflegt wird. Die Gründe dafür erklärt Ihnen Giovanni Goria, der wohl profundeste Kenner des kulinarischen Piemont, in seinem Vorwort.

Wer sich zu Claudia und Tonino an den Tisch setzt, erlebt vor allem eine Küche voller Sinnlichkeit und Wärme. Hier finden Sie keine unterkühlte Ästhetik auf dem Teller, sondern unverfälschtes, wunderbares Essen. Der Versuch, dies in Text und Bild umzusetzen, bereitete uns grosses Vergnügen. Für die Rezeptfotos nutzten wir möglichst das natürliche Licht, um uns ohne technisches Brimborium flexibel zu halten. Die meisten Fotografien sind denn auch sehr, sehr spontan entstanden. Aus dieser Offenheit haben sich zudem während des Kochens die Kommentare ergeben, mit denen Claudia Sie in ihre Rezepte einführt.

Wir haben «das Herz des Piemont», wie man diese Gegend der Langhe oft nennt, in all seinen Jahreszeiten erlebt: in der Zeit der duftenden Frühlingskräuter, der herrlichen Sommergemüse und natürlich im von Trüffeln und Wild bestimmten Herbst und Winter. Was am stärksten auf uns abfärbte, ist Claudias und Toninos selbstverständliche Wahl der besten einheimischen Produkte. Nicht, weil es in ihrer Gegend keine Batteriehühner oder Massenfabrikate gäbe, sondern aus schierer Lust am Guten und aus einer unverdorbenen Lebensfreude heraus. Beides möchten wir Ihnen auch mit diesem Buch vermitteln.

Doris Blum
Evelyn und Jean Pierre König

Präludium für vier Hände

Als ich vor ungefähr zwanzig Jahren in Neive diese so einzigartige Claudia meine beste und teuerste «Schülerin», heute eine der angesehensten Köchinnen des Piemont – kennenlernte, war ich schon viele Jahre ein erfahrener Geniesser und ein Kenner der Gastronomie. Sie hingegen wirkte wie ein liebenswürdiges, unschuldiges Mädchen, von dem ich einzig wusste, dass es unlängst die Frau von Tonino, einem mir bekannten Gastwirt und Wein händler, geworden war.

Unsere erste Begegnung trug sich folgendermassen zu. Ich führte am Ostermontag eine Gruppe von fünfzehn leckermäuligen Freundinnen und Freunden, alles Mitglieder der Accademia della Cucina, aus der nicht allzuweit entfernten Stadt Asti nach Neive, um mit ihnen dort zu Mittag zu speisen. Wie gesagt kannte ich bereits Tonino, diesen Tausendsassa auf dem Gebiet der Weine aus der Region Asti und Alba, und ich hatte bei ihm auch schon gegessen,

als das La Contea unter dem Namen noch gar nicht existierte, sondern noch eine rustikale Osteria war. Bei uns ist das traditionelle Mittagessen am Ostermontag eine Art Vesper auf dem Lande, die etwa um fünf Uhr nachmittags anfängt und bis in den Abend hinein dauert. Dazu gehören ganz bestimmte Speisen, die einerseits die Esstradition unserer Grossmütter, andererseits das frühlingshafte Klima, die grüne, erblühende Natur und nicht zuletzt den einfachen, doch gradlinigen Geschmack der Landbevölkerung berücksichtigen.

Es war ein blauer, von der Sonne leuchtender Apriltag, dazu mit einem lauen Lüftchen, wie es manchmal im Frühling über jenen reich gesegneten Hügeln weht. Ich erinnere mich, wie wir uns an einem langen, sehr langen ausgezogenen Tisch – den es jetzt im La Contea nicht mehr gibt – niederliessen und die schöne Umgebung des bürgerlich-herrschaftlichen Wohnsitzes aus dem 18./19. Jahrhundert bewunderten. Tonino, der *Padrone,* sagte mir, während er uns bediente: «Nach dem Essen werde ich Dir meine Frau vorstellen. Jetzt ist sie in der Küche beschäftigt, denn sie macht alles allein.»

Mit dem Essen ging alles viel besser, als ich es erwartet hatte, es schmeckte köstlich. Nach den leckeren *Stuzzichini* zum Aperitivo, den wir stehend mit eisgekühltem, trockenem Spumante einnahmen, gab es eine gefüllte Kalbsbrust, die *Tasca piemontese,* die ungefähr der Genueser *Cima* und den verschiedenen Galantinen Norditaliens gleicht. Die Füllung setzte sich aus Ei, Käse, Ricotta, Schinken und Salami, Petersilie und anderen Kräutern sowie einer Spur Knoblauch und Pfeffer zusammen. Die Beilage bildete eine *Insalatina dei vignaioli* und bestand aus zartem, wildem Feldsalat, der überall in den Rebbergen gedeiht, aus feinsten, knackigen Zwiebelscheibchen, gekochten Eiern und Thunfisch und war mit einer Sauce aus kaltgepresstem Olivenöl und eigenem Weinessig angemacht. Die Fortsetzung bildeten mürbe Kräuterküchlein, schön dick und feucht, der Teig leuchtend vom Gelb der Eier, durchsetzt mit Lauchstreifchen und Frühlingszwiebelchen und gewürzt mit dem unerlässlichen «Balsamkraut», dem *Erba amara di San Pietro.* Danach folgte die Salamiplatte: Selbstverständlich waren keine Industriewürste darunter, sondern prächtige luftgetrocknete Salami, denen man die Barbera-Marinade ansah, herrlich duftende gekochte Salami, wie es sie nur im Piemont gibt, dann Coppa und zartschmelzender Speck, rosa durchzogen und voller Aromen. Vergessen wir die in Essig eingelegten Gemüse nicht und die Steinpilze im Olivenöl, alles von der *Padrona* selber in Vorratsgläsern eingemacht.

So ging es weiter. Es fehlte weder die gekochte Kalbszunge mit der *Bagnet verde,* noch das Kalbfleischtatar oder das *Vitello tonnato* und andere Gerichte, die den Reigen der *Antipasti* beschliessen. Den ersten Hauptgang, die *Primi,* eröffnete eine gebundene Gemüsesuppe, zu der es knusprige, mit Butter bestrichene *Crostini* gab. Danach kam die Pasta, aber ich erinnere mich nicht mehr, ob ich von den fleischlosen *Agnolotti,* den sogenannten «Fasten»-Nudeln, nahm, die mit Ricotta, Spinat- und Brennesselblättern gefüllt werden, oder von den frischen, handgemachten *Tagliatelle,* welche die Köchin mit sagenhaft viel Eigelb herstellt und an jenem Ostermontag mit der traditionellen langarolischen Fleischsauce anrichtete. Der zweite Hauptgang, die Reihe der *Secondi,* bestand – zu Recht und in Rücksicht auf ältestes Brauchtum – aus gebratenem hiesigem Lamm, das nach Rosmarin duftete und mit goldgelben Kartoffeln umkränzt war, und aus einem herrlich gefüllten Kaninchenbraten. Schliesslich landeten wir beim Dessert, angefangen bei der *Torta di Pasqua* aus getrockneten Kastanien und Rum, gefolgt vom *Bonèt* aus Amaretti, Kakao und Kaffee, dann der *Panna cotta* mit hausgemachtem Gebäck aus Eiern und Weizenmehl und jenem anderen typischen Gebäck aus Butter und Maismehl. Nun, wir assen alles auf, aber auch wirklich alles, und wohl deshalb, weil wir voller Fröhlichkeit waren, voll von gesundem Appetit und ohne schlechtes Gewissen oder Ängste, was unser Gewicht betraf. Wir waren damals noch jung, oder fast jung, vor allem aber verführten uns die von Expertinnenhand zubereiteten Speisen: ihr reiner Geschmack und ihre Frische, das zarte, sichere Gespür der Köchin, dass man nur staunte.

Dann also führte mir Tonino am Ende dieses Mittagessens ein graziles Jüngferchen vor, das unwahrscheinlich jung wirkte und uns aus schüchternen und arglosen Sternenaugen anblickte. «Das ist meine Frau Claudia, und sie kocht alles selber», lautete die Vorstellung. Ich weiss noch, wie ich bei mir dachte: «Da mach mal einen Punkt. Dieses Küken ist kaum geschlüpft und soll so herrlich kochen?» Wie es sich gehört, machte ich ihr Komplimente, aber ohne richtige Überzeugung. Sehr schnell jedoch merkte ich, was für einen Kopf dieses Persönchen hatte, was für eine Reife und unbeirrbare Entschlossenheit voranzukommen. In den folgenden Jahren entwickelte sich diese Claudia rasch noch weiter. Unermüdlich reiste sie in den Langhe landauf, landab, um vergessenen Gerichten nachzuspüren, alte Armeleute-Rezepte aufzustöbern, verborgene Familiengeheimnisse von besseren Herrschaften zu lüften, und sie sprach mit alten weisen Frauen, mit Hausherrinnen, ehemaligen Haushälterinnen und Köchinnen aller Art. Die Ausbeute kam immer zuerst in die grosse Küche und schliesslich, zum Erstaunen und Entzücken der Gäste, auf die Tische des La Contea. Bald überbrachte auch ich Claudia alte Rezepte, die mir gar zu grob schienen, ohne jede Eleganz oder auch zu theoretisch oder aufgeblasen. Sie «testete» sie jeweils mit Geduld und Hingabe, passte sie den neuen Gegebenheiten an, ergänzte sie nach Bedarf, während ich mit ebensolcher Lust und Begeisterung ihr Ergebnis prüfte ... und dieses letztlich auch degustierte!

Auf diese Art erst sind viele «authentische» Gerichte überhaupt wieder bekannt geworden, so unverbraucht wie vor vielen Jahren, so wundervoll wie ein ausgegrabenes Fundstück. Natürlich geschah dasselbe auch in anderen guten Restaurants, aber vor allem auf dem Lande. Dadurch hat sich die piemontesische Gastronomie auch endlich als Ganzes behauptet, und all die kleinen Esslokale, die überall auf den grünen Hügeln verstreut liegen, ziehen nun Scharen von Feinschmeckern aus allen Teilen Italiens und aus ganz Europa an. Überall beginnt man heute wieder alte kulturelle und menschliche Werte sowie deren Zusammenhang mit der eigenen Lebensqualität zu entdecken. Die Menschen, auf der Suche nach solcher Qualität, entwickeln erneut das Bedürfnis, in gepflegter Gastlichkeit zu speisen und sich dabei unter Freunden zu fühlen – was letztlich das geistige Wiederaufleben der Renaissance bedeutet.

Doch kehren wir zu meinem Lobgesang auf Claudia im La Contea von Neive zurück. Ihre «Geschichte» ist schliesslich beispielhaft und irgendwie mit den Jahren verbunden, als im Piemont und anderswo, ich würde sagen in ganz Europa, eine Epoche des Geniessens anbrach. Mit Claudia – und ähnlich gesinnten Köchinnen sowie Gastronomiekritikern – erreichte diese Entwicklung dadurch den Höhepunkt, dass die regionale und von unseren Vorfahren geprägte Küche neue Wertschätzung erhielt. Was Claudia, hoch oben auf den Hügeln von Neive und mitten in den malerischen Langhe, als erstes anvisierte, war die alte kulinarische Tradition des Piemont. Es handelt sich um eine erdverbundene Küche, in der Landwirtschaft und bäuerlichem Brauchtum verwurzelt, welche in erster Linie die materielle Kultur und die Lebenswerte unserer Ahnen zum Ausdruck bringt. Es ist eine für uns als Nachkommen sehr bedeutungsvolle Küche, wenn auch nicht die einzige, wie wir später sehen können.

Intermezzo bei Bauernsuppe und Turiner Grissini

Aber lassen Sie mich vorerst etwas über die typisch piemontesische Küche erzählen, insbesondere über die aus den Hügeln und Rebhängen rund um Alba und Asti, aus der Landschaft der Langhe und des Monferrato. Schliesslich ist dies der Boden, auf dem das La Contea zum Phänomen geworden ist. Dabei stellt sich zu Recht die Frage, wann und unter welchen Anzeichen sich die Küche des alten Piemont überhaupt erstmals bemerkbar machte. Denn all die Jahrhunderte, bevor das Herzogtum und danach das Königreich der Savoyer sich auf unserem Boden etablierten, herrschten vor allem die Unruhen des finsteren Mittelalters, als jegliche Ernährung ein Abenteuer bedeutete. Alle, die sich mit diesem Thema beschäftigen, sind hingegen überzeugt, dass sich viele typische Eigenheiten an Essgewohnheiten, Geschmacksvorlieben oder Zubereitungsarten bereits im 16. Jahrhundert unter Herzog Emanuele Filiberto andeuteten, hundert Jahre später schon deutliche Formen annahmen und sich schliesslich im 19. Jahrhundert festigten.

Ich möchte Ihnen ein paar Beispiele geben: Im 16. Jahrhundert verbreitete sich im Piemont der Gebrauch der tiefen Töpfe aus Kupfer oder Ton. Das heisst, dass innerhalb sämtlicher sozialer Klassen die Suppe die eigentliche Mahlzeit bildete und dass das Fleisch grundsätzlich in einer Flüssigkeit gekocht wurde. Daher gab es keine «trockenen» Pastagerichte oder ähnliches, wie wir sie heute bei den *Primi* kennen: Die Maccaroni mit Tomaten und Basilikum brachte erst Garibaldi 1860 als spätes Geschenk aus Neapel und Sizilien mit. Auch die verschiedenen Schmorbraten, die nun zu den *Secondi* gehören, und die Saucen dazu, die bei uns *Bagna,* also «Bad» heissen, weil man das Brot oder die Polenta hineintauchen kann, gab es noch nicht. Zu der Zeit brauchte man in anderen Teilen Italiens, und zwar in sämtlichen Gesellschaftsschichten, vorab das offene Feuer zum Garen der Speisen: in der Toskana gab es den Spiess, an den Höfen der Poebene spezielle Bratinstrumente und in Mittelitalien den Grillrost.

Eine andere spezifische Eigenheit, die sich während dieser beiden Jahrhunderte im Piemont andeutete, war der Gebrauch der frischen Butter aus Kuhmilch. Diese leisteten sich zwar eher die Wohlhabenden, während das Volk sich mit dem ausgelassenen Speck, dem Schweineschmalz, behalf. Als weiteres Merkmal zeichnete sich die Verwendung von Suppen-, Garten- und Wildkräutern und insbesondere von Knoblauch ab. Er bildete die elementare Würze dieser Küche, befeuerte sämtliche guten *Bagnetti verdi* und *Bagnetti rossi,* die man zum Fleisch und Gemüse reichte, und wurde schliesslich zur Grundzutat unseres grossartigen Nationalgerichtes, der *Bagna câoda.* Man ging sogar so weit, dass Stadt- und Gemeindebehörden den Anbau dieser Knollen vorschrieben – so, wie man sonst die Bürger zur Bezahlung von Steuern verpflichtet! Demnach musste jeder freie Landbesitzer eine bestimmte Menge Knoblauch «propter rem publicam» abliefern. Vor ein paar Jahren sagte ein alter Gärtner des Tanarotales allen Ernstes zu mir: «Und wenn man bedenkt, *Avvocato,* dass der Knoblauch den Blutdruck der Männer reguliert, die Haut der jungen Mädchen zart und hell macht, und die Augen der Frauen erst! Sie strahlen dann so richtig ..., zumindest wenn sie von aussergewöhnlicher Farbe wie blau, grün oder grau sind.»

Aus den wenigen ungenauen Rezepten und den vielen Bankettmenüs oder den Listen mit den Nahrungsmittelrationen für Bedienteste, Musikanten, Arbeiter sowie durchreisende Beamte, die aus dieser Zeit überliefert wurden, zeigt sich in dieser frühen Epoche des 16. Jahrhunderts die Neigung zu reichlicher Nahrung, die man vorzugsweise in fröhlicher Gemeinschaft mit anderen genoss. Natürlich gelten solche Feststellungen stets nur im allgemeinen. Offensichtlich aber liebte

Bergolo, ein kleines Bergdorf in der Alta Langhe.

man das Brot und den Wein, zwei wichtige Grundnahrungsmittel, und beides gab es in verschiedenen Qualitäten. Bis zu acht oder zehn Brotsorten standen damals schon zur Auswahl, angefangen beim ganz billigen aus grobem Getreide bis zum luxuriösen weissen aus feinstem Mehl. Beim Wein galt der «rote, bittere und gerbstoffreiche» – was soviel wie «gesund» bedeutete – als der beste. Unterschiedlich waren die Talente derjenigen, welche die Speisen zubereiteten, aber es gab Rindfleisch, etwas seltener das kostbare, gesunde Geflügel, darunter auch Enten und Kapaune, häufig Wild, das auf dem Land nicht fehlte, Käse aus Schaf- und Ziegenmilch, eingesalzene Sardellen und Heringe und letztendlich die Suppen. Traditionsgemäss sind dies bis heute Brotsuppen – oder *Zuppe* – mit Gemüse und Käse, manchmal einem Ei oder Fleischabschnitten, dann hauptsächlich dicke und nahrhafte *Minestroni* aus allerlei Bohnen und Böhnchen, Kichererbsen und Linsen, die mit Speck und Schwarte gewürzt werden.

Selbst einige typische Erzeugnisse des Piemont gehen mit Bestimmtheit auf jene Zeit unter der Herrschaft des starken und weisen Herzogs Emanuele Filiberto zurück, den man auch *testa di ferro* – Hartschädel – nannte. Nach dem Italienfeldzug der Franzosen gegen die Habsburger und dem Friedensvertrag von Cateau-Cambrésis 1559 schenkte er dem Piemont eine Politik der Ordnung, der gesicherten Landwirtschaft, des gestärkten Staates und sogar der kulturellen Förderung. Daraus entwickelte sich eine Epoche, die von den Historikern als «späte piemontesische Renaissance» bezeichnet wird. Vor solchem Hintergrund schliesslich entstanden die berühmten Turiner Grissini, obwohl man deren «Geburt» oft auf das Jahr 1669 festlegt und als Erfinder Antonio Bruneri, Hofbäcker von Carlo Emanuele II. nennt. Oder es gab den Zabaglione, der zufälligerweise zustande kam, weil der Koch von Carlo Emanuele I. aus reinem Irrtum süssen Madeira in eine Eiercreme rührte. Das Ergebnis jedoch gefiel dem Herrscher und wurde darauf dem Schutzpatron der Konditoren, San Pasquale di Baylon, gewidmet, was ihm dann auch den Namen gab.

In den nachfolgenden Jahrzehnten geschah Wichtiges: Es entstanden alle Süsspeisen mit Rum. Durch Flüchtlinge aus dem Languedoc, die sich in den Tälern um Cuneo niederliessen, kam zudem ein wichtiger Handel in Schwung: jener mit einsalzenen Sardellen. In bäuerlicher Umgebung wurden die *Agnolotti* erfunden, die allerdings als Ravioli in der Küche der Renaissance schon einen Platz gefunden hatten. Die Turiner Gastwirte im Gebiet der Via Po, der Piazza Carignano und des Restaurants Il Cambio dachten sich das köstliche Gericht *La Finanziera* aus. Es entstand die *Fonduta,* deren Herkunft in die Schweiz reicht, die aber mit der Trüffel in der Gegend um Alba und Asti noch eine zusätzliche Verfeinerung erlebte. Die Trüffel liebte man zudem auf dem handgeschnittenen rohen Fleisch, das man mit Olivenöl, Salz und schwarzem Pfeffer zu einem «Tartar» anmachte und heute gern als Vorspeise geniesst.

Die Ordnung und der Wohlstand, die durch Emanuele Filiberto wieder im Piemont eingekehrt waren, erwiesen sich als so stark, dass sowohl die oberen als auch mittleren Gesellschaftsschichten leidenschaftlich gern tafelten und üppig speisten. Wie sehr sie darin gelegentlich ausuferten, beweist ein herzogliches Dekret aus dem ausgehenden 17. Jahrhundert, die berühmten «leges sumptuariae», worin bestimmt wird, dass die Leute für das Essen nicht zuviel verschwendeten. Zum Lachen reizen die nunmehr eingeschränkten Mengen: «So lautet der Befehl, dass die Gastgeber jedem geladenen Gast und pro Gang ... nicht mehr als einen Kapaun oder, der Jahreszeit entsprechend, drei Rebhühner oder Hühnchen oder Tauben auf den Teller legen dürfen ...»

Von dieser weit zurückliegenden Epoche des mittleren 16. Jahrhunderts, in der die piemontesische Küche ihren Ursprung hat, gelangen wir direkt zu den grossen politischen und sozialen Ereignissen des 19. Jahrhunderts. Hier fand die Verschmelzung der drei Küchen des alten Piemont – der volkstümlichen, der bürgerlichen und der noblen – zu einer einheitlichen statt. Bei der ersteren habe ich festgestellt, dass sie sich innerhalb ihrer Gruppe noch einmal in Bezug auf ihre zivile, soziale oder beruflichen Zugehörigkeit unterschied. Nach geduldigen Recherchen in Haushaltbüchern und Rezeptheften, vor allem aber durch das kostbare Gedächtnis der Alten, entdeckte ich vergessen geglaubte Gerichte der Gärtner wieder: die Eier- und Kräuterküchlein, die grünen Gemüsesuppen im Frühling, rot von den Tomaten im Sommer, weiss und braun von den Bohnen, Kichererbsen, Lauch, Kohl und Rüben im Winter. Dann die köstlichen Salate mit Lauchzwiebeln, frischen Bohnen oder Kartoffeln, zerbröckeltem Käse, gekochten Eiern und – aus neuerer Zeit – mit etwas Thunfisch. Ich fand die Gerichte der Maurer: den in Rotwein geschmorten Braten aus Eselfleisch, die mit demselben Fleisch gefüllten *Agnolotti,* den scharfen, fermentierten Käse, den sogenannten *Brus.* Bei den Fährleuten des Tanaro entdeckte ich die kleinen fritierten Fischchen, die sie in eine *Carpione*-Marinade aus Zwiebeln, Salbei und Rotweinessig einlegten. Bei den Viehhändlern, Ochsenhirten und Pferdeknechten, die in den Ställen und Poststationen das Sagen hatten, gab es heisse, gekochte Riesensalami, grosse Teller mit Kuttelsuppe, in die auch Stücke von Schweineschwänzchen, -ohren und -schnäuzchen kamen, dann die *Batsoà* oder Schweinefüsschen, welche man erst in Wein weichgart und anschliessend in Ei und Brotbröseln wendet und fritiert, schliesslich die

Käseauswahl mit Fontina, Bra, Castelmagno und drei verschiedenen Robiola-Sorten.
Edelfaule Muskatellertrauben trocknen auf Holzrosten, bevor sie gepresst werden.

Salate aus gesottenem Kalbfleisch und Bohnen, mit rohen Zwiebelscheibchen und manchmal mit einem geräucherten Hering gewürzt. Schliesslich die Soldaten: ihr einziges Gericht bestand aus einem dunklen gesottenen Stück Kuh oder Rindfleisch, das in einem Essnapf mit heisser, fetter Brühe schwamm, in die man ein grosses Stück Schwarzbrot tauchte. Es war die einzige und immerwährende Soldatenkost in der sardisch-piemontesischen Armee, der Energielieferant in sämtlichen Kriegen für die Unabhängigkeit Italiens. Zu guter Letzt die Nahrung der ärmsten Bauern: diese setzte sich immer und ewig aus der sogenannten *Pultim,* der schwarzen Polenta aus Getreidemehl, und zerstampftem, in Salzwasser gekochtem Gemüse zusammen. Gelegentlich gab es die *Somà,* das heisst Brot, welches man mit Knoblauch einrieb, dann reichlich mit Salz bestreute und mit etwas Öl begoss. Nach der Entdeckung Amerikas und der Einführung des Mais bürgerte sich die gelbe Polenta ein, spärlich mit einer Sauce gewürzt, die sich aus Zwiebeln, Knoblauch, Peperoncino und Tomaten zusammensetzte, vielleicht noch aus Petersilie und anderen Kräutern, sicher etwas Speck und in der festtäglichen Version aus ein paar Stücken Hühnerfleisch. Was das Fleisch überhaupt betrifft, so assen es die Bauern ohne jegliche Beilage, stets gesotten und in der Regel nur an Weihnachten und grossen Festen. Einzig die Wohlhabenden leisteten es sich auch an normalen Sonntagen.

Betrachten wir schliesslich die Küche der Aristokratie oder der herrschenden Fürsten. Diese stammte viel direkter von den grossen Rezeptsammlungen der Renaissancefürsten ab, deren Einflüsse sich bis in die bescheidensten, bäuerischsten, sparsamsten Schlösser und Paläste des Piemont auswirkten. Zu sagen ist, dass die Savoyer sicherlich weit sparsamer als die prachtliebenden lombardischen und italischen Fürsten waren. Vor allem imitierten sie stärker die französische Küche, wobei die Gerichte des Hofes allerdings eher die Namen als den Inhalt kopierten. Fleisch wurde viel gebeizt oder mariniert, es gab Soufflés, Patés und ähnliches. Grundsätzlich aber waren es eigene piemontesische Versionen, in ihrer Art wesentlich einfacher und nicht selten von angenehmerem, saubererem Geschmack.

Alle diese Beiträge an kulinarischem Wissen und Brauchtum verbanden sich im vergangenen Jahrhundert, in der Epoche des geeinigten Italien, und verschmolzen zu einem Ganzen. Den Nutzen aus den drei alten vergangenen Küchen zog die mittlere Gesellschaftsschicht, das heisst das Bürgertum von Stadt und Land. Dieses übernahm den herzhaften, markanten Geschmack der ländlichen Bevölkerung, verfeinerte oder bereicherte ihn und passte ihn den städtischen Gepflogenheiten an. Ebenso machte es sich die Gerichte der obersten Stände zu eigen, wenn auch bald schon der französisch anmutenden Küche des Hofes müde. Aus solcher Vermählung, weise und doch lustvoll arrangiert, entstand die schöne, einzigartige piemontesische Küche des ausgehenden 19. und beginnenden 20. Jahrhunderts, eine Vermählung, die bis in unsere Tage Bestand hat.

Das Phänomen La Contea

Natürlich blieb auch das Piemont von neuen kulinarischen Einflüssen nicht ausgeschlossen. Nehmen wir als Beispiel die sogenannte Nouvelle Cuisine. Wir alle wissen ihre Impulse zu schätzen, aber wie schlecht wurde sie doch bisweilen interpretiert! Wie oft diente sie einfach dazu, die Preise in die Höhe zu treiben! Das Thema war Anlass zu manchem Streit, und zwar zu einem unschönen Streit, insbesondere bei uns in der Provinz. *Dio misericordioso,* all die miserablen Risotti mit Erdbeeren, die Krebsschwänze mit Rucola und Honig, all die wilden Kompositionen, zu deren

Abendstimmung mit Blick auf die französischen Alpen.
Gasse in Saluzzo.

Verkostung ich verurteilt war. Man durfte sich nicht dagegen auflehnen, ohne Schimpf und Schande zu riskieren, wie vor hundert Jahren, als man mit Fingern aufeinander zeigte und hetzte: «Der spricht schlecht über Garibaldi!» Diese schwierige Periode ist nun vorbei, wurde abgelöst von einem neuen Sturm, der alles zugunsten der Gesundheit leerfegt und den Wahn, sich gemäss einer Diät ernähren zu müssen, vorantreibt. Alle Speisen haben jetzt leicht, mager und ungewürzt zu sein, man ernährt sich, ohne zu essen, schmeckt, ohne zu geniessen, lehnt jegliches ab, was schwer, kalorienreich, gut gewürzt oder dickmachend sein könnte. Der Trend ist zur Besessenheit geworden. Claudia und andere rechtschaffene Köchinnen erzählten mir, dass sich manche Gäste nicht einmal mehr richtig an den Tisch setzen, bevor sie bereits den Kellner bitten: «Um des Himmels willen, bringen Sie mir ja wenig zu essen!» Ein ehrlicher Gastwirt stellte mir bekümmert die Frage: «Warum kommen sie überhaupt zum Essen, wenn sie schliesslich nicht essen wollen?»

Es sind wenige Restaurants, die solche Stürme heil überstehen und denen es gelingt, sowohl in der Küche als auch am Tisch den heiteren Konsens aus Vernunft und Leckermäuligkeit herzustellen, die Freude am guten Essen weiterzugeben oder die Überzeugung zu vermitteln, dass ein gutes Essen immer zugleich Lebensqualität und Verfeinerung des Geistes bedeutet, und dass dadurch brüderliche und freundschaftliche Brücken geschlagen werden. Es sind übrigens Dinge, die bereits vor rund 500 Jahren, mitten in der Renaissance, Lorenzo de' Medici, «der Prächtige», dachte und auch aussprach. Die glücklichen Orte also, welche den Kampf gegen die Nahrungsablehnung, ja eigentlich gegen einen Hass gewonnen haben, zeichnen sich in der Regel durch eine aussergewöhnliche Schönheit und einen bestimmten Frieden aus. Selbstverständlich kommt die grosse Güte der Küche hinzu, die einen mit dem Leben versöhnt und durch ihre einfache Heiterkeit befriedigt. An solchen Orten bestehen keine Zweifel mehr, dass eine Speise, wenn sie natürlich ist und aus einer kaum vergifteten Umwelt stammt, dazu noch mit Liebe und gleichsam als Geschenk zu unserer Freude zubereitet wurde, keinesfalls schädlich oder gefährlich sein könnte, ganz im Gegenteil!

Genau so ist es heute bei Claudia. Sämtliche Rohstoffe, die sie verwendet, egal, ob gezüchtet oder wild, ob Kräuter oder Gewürze, Fleisch oder Fisch, Wein oder Brot, stammen alle frisch vom Ort, das heisst, sie sind das beste, das man überhaupt nur finden kann. Auf jenen Hügeln gibt es immer mehr aufgeweckte Bauern oder Produzenten, die zwar der Tradition treu bleiben, aber unermüdlich nach dem noch besseren, noch richtigeren, noch perfekteren Produkt suchen. Auch Claudia und Tonino haben sehr gut verstanden, dass es für moderne und dennoch traditionsverbundene Gastronomen überhaupt nicht erforderlich ist, den alten Rezepten und Lebensweisheiten abzuschwören oder sie gar zu opfern. Alles, was notwendig ist, ist die Anwendung von ein paar typischen Erkenntnissen unserer Zeit, selbst wenn es wenige sind, im Grunde nur drei oder vier. Claudia nutzt sie rücksichtsvoll und mit weiblichem Gespür, aber auch mit dem richtigen Berufssinn. So reduziert sie die Kochzeiten für Fleisch und Gemüse, und sie erhitzt sie weniger stark. Als Fettstoff dienen ihr die Pflanzenöle, vorab ein gutes kalt gepresstes Olivenöl, während sie Butter und Speck genau dort verwendet, wo sie sich durch nichts anderes ersetzen lassen. Den Zucker schränkt sie ein, weniger aus gesundheitlichen als aus geschmacklichen Gründen. Dasselbe gilt für das Salz und andere Würzmittel. Eine grosse Wertschätzung erleben bei ihr sämtliche Blatt- und Wurzelgemüse, aus denen sie gar wundersame Gerichte herstellt, manchmal einfach pur oder dann in Ergänzung zu Fleisch, Eiern, Käse und Saucen. Letztere Nahrungsmittel spielen im Vergleich zu früher viel weniger die absolute Hauptrolle, und auch dies hat nichts mit jeglicher vorgefassten Meinung über vegetarische Ernährung zu tun. Was Claudias Kochstil am meisten prägt, ist der Gebrauch der verschiedenen Kräuter, die oft eine entschärfende Komponente zu dominierenden Fettstoffen herstellen. Eine ausschlaggebende Rolle spielt nicht zuletzt die Menge jeder Mahlzeit, wobei hier zu sagen ist, dass weder Claudia noch eine andere Köchin des Piemont irgendwelchen Einfluss darauf nimmt, wieviel oder wie wenig ihre Gäste essen oder essen sollten. Schliesslich hat jeder Mensch einen eigenen Willen, ein eigenes Mass. Mit anderen Worten könnte man sagen, dass jeder Wirt einen Fehler macht, der seine Portionen so bemisst, dass sie zwar im Trend liegen, aber den Gast nicht mehr befriedigen.

Im La Contea, bei Tonino und Claudia, ist man zum Glück nie solchen Verrücktheiten erlegen, einen Gast hungern zu lassen. Alles wirkt hier von Einfachheit, von Menschlichkeit und gesundem Menschenverstand durchdrungen. Schon beim Empfang spürt der Gast die Wärme und die Sympathie, ja sogar Freundschaft oder ein gegenseitiges Einvernehmen, das sich bei jeder neuen Begegnung vertieft. Es ist eine schöne und verheissungsvolle Morgendämmerung des zweiten Jahrtausends, die über den Hügeln der Langhe und über Neive angebrochen ist, wie ein Licht nach der Sintflut. Es beginnt damit, dass man einen kalten, perlenden und duftenden Arneis bei Tonino trinkt und dazu ein paar Häppchen mit Gemüse, Kapern und Olivenöl von Claudia geniesst. Unverändert gilt hier, dass man sich nie den höchsten Ansprüchen entzieht. Claudia schickt nach den *Stuzzichini* und *Antipasti* die *Zuppa di verdure di campo,* heiss und aromatisch, mit Lauch gewürzt und schmeichelnd mild von den Kartoffeln, Erbsen und Bohnen, grün von den Klatschmohnpflänzchen und dem Spinat, herb von den wilden Kräutern, Artischocken, Knobläuchlein und der Petersilie, bekräftigt von den Spargeln und Bohnen, beflügelt von Rosmarin, Lorbeer und Basilikum ..., und wir füllten uns glücklich den Bauch damit. Ich würde wahrscheinlich noch eine Spur Olivenöl und einen Esslöffel Parmesan unter die Suppe mengen, aber du, Claudia, würdest dem bestimmt widersprechen, und ich, Giovanni, würde dem entgegenhalten, dass es so bestimmt besser wäre, und wir würden uns beide dennoch eins mit dieser Landschaft, dieser Natur, diesem reinen Licht, dieser alten Geschichte der einfachen und doch so starken Männer und Frauen vom Lande fühlen.

Giovanni Goria

Das Abenteuer «Wein»

Der Wein, so wird immer wieder gesagt, ist Kultur. Für mich besteht daran kein Zweifel, vorausgesetzt, er zeigt sich auch wirklich von hoher Qualität. Sehr viele Kriterien sind dafür verantwortlich, wie etwa der Zustand der Trauben, die Lage des Weinbergs oder die Fähigkeit des Winzers, die Reben den individuellen Bedingungen entsprechend zu kultivieren. Ein guter Wein ist einfach gut, und das heisst nicht mittelmässig; er darf nicht den geringsten Fehler aufweisen.

Natürlich gehen einem guten Wein erst viele Stunden mühseliger Arbeit voraus, die ungewisse Entwicklungsphase des Weinstocks, der im besten Fall nach drei Jahren, nachdem die Setzlinge gepflanzt wurden, Früchte hervorbringt. Die Arbeit beginnt mit den Vorbereitungen des Bodens, etwa dem Umpflügen bis in Tiefen von einem Meter oder dem Legen der Leitungen für die Drainage, nicht zu vergessen all die Mengen von Mist, die herbeigebracht werden müssen, damit die Erde genug Nahrung hat. Nun erst folgt das Pflanzen, und im Frühjahr die Kontrolle, ob alle Wurzeln richtig fassen. Ganz langsam wächst die Rebe, zeigt ihre Knospen, dann Triebe und Blätter. Hin und wieder gibt es Anzeichen von Krankheiten, gegen die etwas unternommen werden muss. Auch das Wetter kann Schaden verursachen. Drei Jahre vergehen, bis zur Freude des Winzers da und dort ein paar Trauben reifen, deren frisch gepresster Saft ein ganz klein wenig nach Wein riecht.

Sanfte Hügellandschaft im Barologebiet.

Einen Wein liebt man für die Wesenszüge, die ihn auszeichnen. Ich liebe sowohl den Wein des Roero als auch den der Langhe und ebenso einen Wein aus dem Norden der Alpen oder aus der Neuen Welt, vorausgesetzt, er ist gut und nach gesunden önologischen Kriterien zustande gekommen. Was hingegen seine Harmonie mit gewissen Speisen betrifft, sage ich immer: Nicht der Wein bestimmt das Essen, sondern das Essen den Wein. Schliesslich werden fortlaufend ernsthafte Degustationen durchgeführt, welche die ideale Verbindung der beiden vorgeben. Als Aperitivo und in Begleitung zu den *Stuzzichini,* den kleinen Häppchen, die auch in diesem Buch den Appetit anregen, schlage ich Ihnen einen Spumante vor, einen Arneis, Chardonnay, Cortese oder einen Favorita, ja einen Gavi. Dasselbe passt noch immer gut zu den kalten Vorspeisen, insbesondere wenn ein Gericht mit Fisch darunter ist. Mit den warmen Vorspeisen harmoniert ein Pelaverga oder ein Grignolino, ja sogar ein Dolcetto. Zu den *Primi,* den Teigwaren und dem Reis, eignet sich ein Barbera, Freisa oder ein junger, nicht zu körperreicher Nebbiolo. Dasselbe würde ich zu bestimmten *Secondi* vorschlagen: etwa *Bagna câoda, Batsoà,* Saibling mit Nusssauce, *Finanziera, Frisse, Fritto misto,* eingesalzenem Kabeljau und Huhn mit Tomaten. Zu anderen Fleischgerichten hingegen kommt ein kräftiger Roero, ein Barbaresco oder sein grosser Bruder, Ihre Majestät der Barolo, bestens zur Geltung.

Sowohl der Roero als auch der Barbaresco oder Barolo stammen von derselben Traubensorte, der Nebbiolo. Dass sie alle drei so verschieden sind, hängt nicht zuletzt von den geografischen Gegebenheiten ab. Der Roero wächst in der sandigen Zone am linken Ufer des Tanaro, der Barbaresco kommt aus den Gemeinden Barbaresco, Neive, Treiso und Alba, und der Barolo aus Barolo, Castiglione Falletto, Serralunga sowie Teilen der Gemeinden Monforte, Novello, Grinzano Cavour, la Morra, Verduno, Diano, Cherasco und Roddi. Während der Roero sofort in die Flaschen abgefüllt wird, muss der Barbaresco erst mindestens zwei Jahre in Eichenfässern reifen, der etwas rauhere Barolo sogar drei Jahre. In Verbindung mit bestimmten Käsesorten, wie etwa dem Robiola, egal ob er noch frisch oder schon reif ist, passt hingegen ein Passito, eine Trockenbeerenauslese aus Muskateller-, Arneis- oder Brachetto-Trauben besser. Dasselbe würde ich Ihnen zum *Brus* und zu den in Olivenöl eingelegten Schafs- und Ziegenmilchspezialitäten empfehlen. Mit den Desserts harmoniert der leichtperlige Moscato d'Asti oder sein schäumendes Pendant, der Asti spumante, oder auch ein Bracchetto oder Malvasia.

Der Trinkspruch, der zum Ausklang einer Mahlzeit gehört, drückt immer zugleich die Gefühle der Freundschaft, des Glücks und der Heiterkeit aus. Mit diesem Gefühl erwarten wir Sie auch im La Contea, um Ihnen unsere Küche und unsere Weine vorzustellen, um Sie persönlich kennenzulernen und weil wir überzeugt sind, dass sich beim gemeinsamen Essen am Tisch die Grenzen aufheben.

Tonino Verro

Ricette di base

Grundrezepte

Viele Grundrezepte, wie bestimmte Nudelteige, Saucen und Brühen, gehören zum Fundament der Küche, mit der wir Sie hier vertraut machen. Aus dieser Logik heraus steht das folgende Kapitel denn auch nicht am Schluss des Buches, wo es leicht als Nebensache erscheinen könnte. Zum Nachkochen mancher Rezepte, wie zum Beispiel dem der eingemachten Tomatensauce – der *Conserva* –, möchten wir Sie besonders ermuntern, ergeben sie doch einen praktischen Vorrat für mancherlei spätere Gelegenheiten. Nicht zuletzt schaffen Sie sich dadurch eine Basis, die Ihnen ein Stückchen piemontesische Lebensart näherbringt: beim Knabbern eines *Grissino stirato* oder beim Ausprobieren der *Carpione*-Marinade oder schlicht beim genüsslichen Schlürfen eines *Brodo,* den sie eigenhändig zubereitet haben.

Das Landschaftsbild der Langhe wird von sanft geschwungenen Hügelketten geprägt, auf deren Kuppen vereinzelte Türme und Schlösser, manchmal auch eine mächtige Libanonzeder oder eine Zypresse wie Wahrzeichen aufragen. Bricco oder bric nennen die Piemontesen solche exponierten Lagen, und wenn die klimatischen Bedingungen ausnehmend günstig sind, pflanzen sie dort manchmal einen Ölbaum. Das hat eine rein symbolische Bedeutung und knüpft an die Tradition der Väter an, die an den wärmsten Stellen den Olivenbaum als Symbol des Friedens und des Lebens pflanzten. Das tägliche Olivenöl hingegen lieferten ihnen die Ligurer, die es ihrerseits gegen Wein und Getreide eintauschten. Die zum Meer abfallenden Hänge an der ligurischen Riviera hatten – und haben noch – einen zu steinigen Boden, um Ackerbau darauf betreiben zu können. Sogar für die Olivenhaine mussten in mühseliger Arbeit Terrassen angelegt werden, und die Mulis, die dafür die Steine heranschleppten, trugen später das Öl über die Pässe der alten Salzstrassen ins piemontesische Hinterland. Heute beginnen in den ligurischen Olivengärten die Mäuerchen da und dort einzustürzen, und viele Mühlen sind verlassen. Zum Teil ist daran die steile Küste schuld, die keine Rationalisierung mit Landmaschinen gestattet. Dafür herrscht hier ein aussergewöhnliches Mikroklima, durch das die Ölbauern ihre Oliven bis weit in den Winter an den Bäumen hängen lassen können. Solche reifen Früchte ergeben ein Extra vergine von strohgelber Farbe und sehr zartem Duft. Abseits der grossen Industrien gibt es noch immer kleine Produzenten, die nach alter Tradition ihre Oliven von Hand ernten und auf sorgsamste Verarbeitung achten.

Bagna verde

Grüne Sauce

«Diese Sauce hat einen belebenden, etwas herben Geschmack, wie er für das alte Piemont typisch ist. Sie passt zu vielem, besonders aber zur gekochten Kalbszunge (Seite 58) oder auch zu den sogenannten *Batsoà*, den ‹Seidenstrümpfchen› (Seite 105).»

1 Handvoll Petersilie
2 Stengel Bleichsellerie mit den Blättern
4 Knoblauchzehen
½ Karotte
2 Lauchzwiebeln
1 Peperoni (Paprika)
1 Peperoncino (scharfe Paprikaschote)
1 grosse, fleischige Tomate
1 hartgekochtes Ei
1 EL Kapern, in Essig eingelegt und abgetropft
6 EL Olivenöl extra vergine
100 ml Gemüsebrühe
4 EL starker Weinessig
6 Sardellenfilets

Alle festen Zutaten bis auf die Sardellenfilets grob hacken, dann das Gemüse und die Kräuter in Olivenöl kurz andünsten, mit Gemüsebrühe ablöschen und den Essig dazugiessen. Ein wenig einkochen, das gehackte Ei und die Kapern hinzufügen, danach die Sardellenfilets, die sich in der heissen Sauce schnell auflösen. Alles gut durchrühren und bei Bedarf eventuell nachsalzen. Kalt oder warm servieren.

Bagnet verde

Kleine grüne Sauce

«Diese Sauce ist das piemontesische Ketchup. Man verwendet sie in allen Familien, egal aus welcher Gesellschaftsschicht. Wer sich ein Ei kocht, ein Schnitzel brät, ein Stück Siedfleisch oder eine Sardelle aus dem Kühlschrank holt – diese Sauce gehört dazu.»

3 Knoblauchzehen
1 Handvoll Petersilie
4 Sardellenfilets
1 Scheibe Weissbrot, ohne Rinde, in Essig eingeweicht
½ Peperoncino (scharfe Paprikaschote)
12 Kapern
1 hartgekochtes Eigelb
3 Blätter Balsamkraut, ersatzweise Rucola
6 Blätter Minze
5 Stengel Schnittlauch
Olivenöl extra vergine

Die Zutaten hacken und mit 50 ml Olivenöl zu einer gleichmässigen, aber nicht zu dicken Sauce mixen. Zum Aufbewahren mit einer Schicht Olivenöl bedeckt in den Kühlschrank stellen.

Bagnet rosso di pomodoro

Kleine rote Sauce

«Diese besondere ‹kleine› Sauce schmeckt zu den *Acciughe* (Seite 60), zum *Bollito* (Seite 116), zu den *Sobrich* (Seite 66) und wozu auch immer Ihre Phantasie Sie anregt.»

10 sonnengereifte Tomaten
2 Lauchzwiebeln
1 Bleichsellerie, nur das Herz
½ Karotte
2 Knoblauchzehen
½ Peperoncino (scharfe Paprikaschote)
1 hartgekochtes Eigelb
12 Kapern

1 Scheibe Weissbrot, ohne Rinde, in Essig eingeweicht
4 Sardellenfilets
1 Handvoll frische Kräuter: Petersilie, Salbei und Thymian
5 EL Olivenöl extra vergine

Die Tomaten heiss überbrühen, häuten und entkernen. In einen Topf geben und bei sanfter Hitze sämig einkochen, dann pürieren. In der Zwischenzeit die anderen Zutaten sehr fein hacken und zum Tomatenbrei geben; die Kräuter und das Olivenöl ganz am Schluss hinzufügen. Alles gut durchrühren und prüfen, ob die Sardellen die Sauce schon genügend gesalzen haben. Dann erst entsprechend abschmecken.

SAUSA D'AVIE

Honigsauce

«Eigentlich ist diese Sauce die kleine ländliche Schwester der grossen *Mostarda* mit den raffinierten französischen Einflüssen. Versuchen Sie sie unbedingt zu unserem Bollito (Seite 116)!»

50 g Walnusskerne
100 g Honig
1 EL Senf

Die Walnusskerne im Mörser fein zerreiben und nach und nach mit dem Honig, dann mit dem Senf zu einer gleichmässigen Paste verarbeiten.

Das Einmachen der Tomaten zu einer der unvergleichlichen «Konserven» ist langarolische Tradition. In den späten Augusttagen zerplatzen die pomodori, diese Paradiesäpfel, fast vor praller Reife, und die Frauen machen bei der sommerlichen Feldarbeit eine Pause. In der Küche des La Contea mischen sich die Duftschwaden von Pflaumenmarmelade und geschmorten Pfirsichen, von kochenden Bohnen und röstenden Peperoni. Die Reihen der gefüllten Gläser werden täglich länger und farbenfreudiger. Es ist ein Vorrat, aus dem man sich später löffelweise bedienen kann, um Saucen abzuschmecken, Suppen zu würzen oder, wie Claudia es nennt, sich «je nach Lust und Phantasie zu einer Mahlzeit inspirieren zu lassen».

Salsa rossa

Rote Sauce

«Traditionell verwendet man hierfür die ganzen Sardellen mit den Gräten, im Gegensatz zur kleinen roten Sauce, der *Bagnet rosso,* in die man nur die entgräteten Filets gibt. In ihrer geschmacklichen Zusammensetzung verrät die *Salsa rossa* ihre rustikale Herkunft, doch vermählen sich die Aromen mit gesottenem Fleisch oder Fisch vorzüglich.»

1 EL Kapern
1–2 Knoblauchzehen
2 Lorbeerblätter
50 g Thunfisch aus der Dose
2 Sardellen, möglichst mit den Gräten, oder 4 Sardellenfilets
4 EL eingemachte rohe Tomatensauce (rechts) oder frische, gewürfelte Tomaten
1 EL Senf
1 EL Zucker
Salz
Rotweinessig

Die Kapern, den Knoblauch und die Lorbeerblätter ganz fein hacken und mit dem Thunfisch zu einem Brei zerstampfen. Auch die Sardellen mit den Gräten sehr fein hacken und daruntermengen. Schliesslich die Tomatensauce, den Senf und Zucker hinzufügen und das Ganze pürieren. Nach Belieben mit Salz und Essig abschmecken.

Conserva di pomodoro cotto

Eingemachte gekochte Tomatensauce

«Mit dieser Conserva haben Sie immer eine Tomatensauce vorbereitet. Wenn Freunde plötzlich auftauchen, brauchen Sie nur noch ein Tröpfchen Olivenöl zuzufügen, und schon ist das Nötige für einen Teller mit Pasta bereit. Die Zubereitung der Sauce mag etwas mühsam sein, aber später werden Sie sich bei vielen Mahlzeiten mit Genuss daran erinnern.»

Für einen Vorrat von ca. 3 kg
10 kg vollreife Tomaten
1 kg Zwiebeln
500 g Peperoni (Paprika)
100 g Knoblauch
½ Staude (ca. 220 g) Bleichsellerie
2 Karotten
200 ml Olivenöl extra vergine
Salz
grosszügig Basilikum, Petersilie und Rosmarin

Die gewaschenen Tomaten halbieren und in einem grossen Topf zum Kochen bringen. Nach rund 10 Minuten den ausgetretenen Saft in einen zweiten Kochtopf giessen und das Tomatenmus zur Seite stellen. Das Gemüse, den Knoblauch und die Zwiebeln fein schneiden, zum Tomatensaft geben und darin weich garen. Nach rund 1 Stunde das Ganze pürieren und mit den ebenfalls pürierten Tomaten gut vermischen. Diese Sauce nun mit dem Olivenöl in einen Topf geben, salzen und 20 Minuten köcheln lassen. Am Schluss die gehackten Kräuter daruntermengen, heiss in vorbereitete Einmachgläser füllen und 20 Minuten im Wasserbad sterilisieren.

CONSERVA DI POMODORO CRUDO

Eingemachte rohe Tomatensauce

«Diese ungekochte Conserva ist für Gerichte ideal, die eine etwas längere Kochzeit benötigen, während der die gekochte Tomatensauce an Aroma verlieren würde. Ich verwende sie gern für das geschmorte Huhn *alla cacciatora* (Seite 118), für eine Pizza oder für die gerösteten Brotscheiben zum Aperitivo.»

10 kg vollreife Tomaten
Salz
6–12 Basilikumblätter (2 pro Einmachglas)
6–12 Knoblauchzehen (2 Stück pro Einmachglas)
1/4 l Olivenöl extra vergine

Die gewaschenen Tomaten im Mixer pürieren und in einem Sieb oder aufgespanntem Käseleinen über Nacht abtropfen lassen. In vorbereitete Einmachgläser füllen, je eine kräftige Prise Salz, zwei mit den Fingern zerzupfte Basilikumblätter und zwei zerquetschte Knoblauchzehen darüberstreuen. Die Oberfläche gut mit Olivenöl abdichten. Die verschlossenen Gläser im heissen Wasserbad 20 Minuten sterilisieren.

SALSA BIANCA DI NOCCIOLE

Weisse Haselnuss-Sauce

«Zu gewissen Fischen wie etwa Sardellen oder auch Thunfisch passt diese Sauce vorzüglich. Ich röste dafür die Haselnüsse nur leicht, damit sie wirklich weiss bleiben und man sie dennoch schälen kann. Danach zerreibe ich sie im Mörser zu einer feinen Paste und vermische diese mit der gleichen Menge von ebenfalls fein püriertem Thunfisch. Als weitere Würze kommen etwas Zitronensaft und abgeriebene Zitronenschale hinzu, eine Prise getrockneter Majoran, Oregano und ganz wenig frische gehackte Petersilie. Diese Sauce darf durchaus ein bisschen trocken geraten. Wer will, kann aber noch einen Tropfen Öl – etwa aus der Dose mit dem Thunfisch – daruntermengen.»

Die Haselnüsse gehören zum Piemont wie der Wein oder die Trüffel. Nicht selten findet man diese drei denn auch in unmittelbarer Nachbarschaft: aufgespannten Schirmen gleich umsäumen Haselsträucher die Zeilen von Reben, um sie vor harschen Winden zu schützen. Und wenn sich in ihrem Wurzelwerk die Trüffel wohl fühlt, freut sich der Bauer, verdient er doch mit ihr ein willkommenes Taschengeld. Die besten Haselnüsse gedeihen in den Langhe, jenem Gebiet also, das sich in aufgeworfenen weichen Falten von den südlichen Ufern des Tanaro bis zum ligurischen Apennin erstreckt. Dort, wo die grossen Weine ihre Regentschaft abgetreten haben, beginnt das Reich der piemontesischen Nocciole mit dem Namen Tonda gentile. Die Konfiseure schätzen sie wegen ihres reintönigen Aromas, und da sie auch international immer mehr gefragt sind, werden sie in zunehmend grösseren Plantagen angebaut. Ein geheimnisvolles Aussehen erhält die Landschaft zur Erntezeit, wenn sich bunte Netze zum Auffangen der Nüsse wie ein Teppich über die Erde ausbreiten.

Maionese tonnata

Thunfisch-Mayonnaise

«Diese Sauce bereichert viele Gerichte. Sie passt sowohl zu einer einfachen Rohkost als auch zu Fleisch und verleiht dem Gericht immer eine elegante Note. Die Zubereitung entspricht der anderer Mayonnaisen, und wie immer sollten Sie zum guten Gelingen nur ‹chambrierte›, also zimmerwarme Zutaten verwenden.»

3 Eigelb
¼ l Olivenöl extra vergine
150 g Thunfisch aus der Dose, gut abgetropft
15 Kapern
3 Sardellenfilets
Saft von ½ Zitrone

In einer Schüssel die Eigelbe sehr gut schaumig schlagen, dann tröpfchenweise das Olivenöl darunterschlagen. Sobald die Masse fest ist, die anderen Zutaten im Mixer fein pürieren und daruntermengen.

Brodo

Grundbrühe

«In einer Küche, die auf sich hält, gibt es – wie wir in den Langhe sagen – immer eine *caudera a boje* oder eine ‹Suppe auf dem Feuer›. Einen *Brodo* reichen wir auch als Zwischengang, der bei einem grossen Essen den Magen quasi vorbereitet, andere wichtige Speisen aufzunehmen. Im ländlichen Alltag ist er zudem eine willkommene Stärkung: Wenn der Bauer nach der Arbeit nach Hause kommt, schöpft er sich gern davon in seine Tasse, giesst etwas Wein dazu und trinkt dies begierig.
Da die Herstellung einer Brühe immer von den vorhandenen Zutaten und deren Mengen abhängt, schildere ich Ihnen einfach, wie ich in der Regel vorgehe: Ich besorge mir schöne Kalbsknochen, dazu vielleicht ein Füsschen, und gebe sie in einen grossen Topf mit kaltem Wasser. Nach dem Sieden schöpfe ich Schaum und Fettstoffe ab und gebe als Würze zwei gebräunte Zwiebelhälften, etwas Bleichsellerie, Karotten und Rosmarin hinein. Dann lasse ich das Ganze vor sich hin köcheln. Als Regel gilt: je länger, desto besser. Es empfiehlt sich, diese Grundbrühe nicht zu salzen, da sie ja der späteren Weiterverwendung dient.»

Gelatina

Aspik

«Der hausgemachte Aspik lässt sich mit keinem Industrieprodukt vergleichen. Machen Sie selbst den Versuch!»

500 g Kalbsfüsschen
500 g Schweinsfüsschen
1 Hühnerkarkasse
1 Kalbsknochen, am besten von der Haxe
500 g Kalbs- oder Ochsenschwanz
500 g Kalbskopf
3 Stangen Bleichsellerie
2 grosse Zwiebeln
8 Gewürznelken
4 Stück Zimtrinde
4 l Wasser
700 ml guter Weisswein
Salz und Pfeffer
4 Eiweiss, steif geschlagen, zum Klären
50 g Zucker
1 Gläschen trockener Marsala
100 ml kräftiger Weinessig

Fleisch und Knochen zerkleinern, den Sellerie würfeln und die Zwiebeln mit Nelken und Zimt bestecken. Alle diese Zutaten in einen grossen

Claudias Grundbrühen, egal ob aus Gemüse oder Fleisch, stecken voller Aromen. Einer ihrer einfachen Tricks besteht darin, dass sie zum Gewürz- und Kräuterbündel eine gebräunte Zwiebel gibt. Diese röstet sie auf der Schnittseite ohne jegliches Fett an, damit die Zucker- und Eiweissstoffe karamelisieren. Die Brühen erhalten dadurch mehr Tiefe, sowohl im Geschmack als auch in der Farbe.

Wenn Claudia sich bei Pierina nach den Hühnern erkundigt oder in Luisellas Garten einen Kürbis bewundert, ergeben sich daraus unweigerlich irgendwelche Gespräche über das Essen. Aus solchen Quellen hat sie im Laufe der Jahre ein unerschöpfliches Wissen über die kulinarischen Gepflogenheiten der verschiedenen Familien und Gesellschaftsschichten zusammengetragen. So gibt es zum Beispiel noch heute eine höchst raffinierte Methode, um Fleisch mit einem starken Geruch – wie etwa nach Schaf oder Wild – zu neutralisieren. Einen älteren Wildhasen etwa, der durch längeres Abhängen erst mürbe gemacht wurde, lässt man vor dem Kochen «ausschwitzen». Dare l'acqua nennt Claudia den Vorgang, und sie legt dafür das Fleisch in eine Pfanne, bedeckt es mit reichlich Salz und Gewürzen und erwärmt es ganz leicht. Dadurch beginnt es zu «schwitzen», das heisst unerwünschte Aromastoffe auszusondern. Das Fleisch wird danach – ohne die ausgeschiedenen Säfte – entweder gebraten oder mariniert. Dieselbe Technik kommt auch bei bestimmten Grundbrühen zur Anwendung. Dafür legt man Kalbsknochen und Füsschen in eine grosse Kasserole und bringt sie auf sachtestem Feuer nur gerade zum «schwitzen». Danach erst gibt man sie in den Sud zum Gemüse und den Gewürzen.

Topf geben, mit kaltem Wasser und Weisswein übergiessen und zum Sieden bringen. Den auftretenden Schaum und die Fettstoffe abschöpfen, die Brühe salzen und pfeffern, danach bei sanfter Hitze köcheln lassen, bis sie sich zur Hälfte reduziert hat. Das dauert – wie beim Fond – mehrere Stunden. Danach absieben, auskühlen und gut entfetten. Zum Klären nun den Aspik ein ganz klein wenig – höchstens lauwarm – erwärmen und das steifgeschlagene Eiweiss vorsichtig untermengen. Das Ganze langsam erhitzen, aber den Topf noch vor dem Sieden vom Feuer nehmen. Zum weiteren Klären durch ein nasses Tuch absieben. Den Zucker karamelisieren und mit dem Marsala und dem Essig hinzufügen. Erneut durch ein nasses Tuch filtern, und diesen Vorgang wiederholen, bis der Aspik völlig klar ist. Man kann ihn sofort verwenden oder in passende Behälter giessen und im Kühlschrank aufbewahren. Zum völligen Erstarren muss er auf jeden Fall kalt gestellt werden.

Fondo bruno

Dunkler Kalbsfond

«Obwohl die Zubereitung dieses Fonds recht aufwendig ist und sich auch erst von einer bestimmten Menge an lohnt, rate ich Ihnen zu einem Versuch. Schliesslich können Sie ihn in kleine Gläser abfüllen und im heissen Wasserbad sterilisieren, um dann noch lange davon zu profitieren. Er dient zum Abschmecken vieler Saucen und lässt sich mit keinem Industrieprodukt vergleichen.»

1 kg Kalbsschulter
1 kg Kalbshaxen
½ kg Kalbsknochen
200 g Zwiebeln
100 g Karotten
2 Stengel Bleichsellerie
3 Rosmarinzweige
5 l Gemüsebrühe

Die Kalbsschulter und Kalbshaxen in Würfel schneiden und die Knochen klein hacken. Alles in ein Bratgeschirr geben und im heissen Ofen

rösten, bis es eine dunkelbraune Farbe hat. In der Zwischenzeit die Zwiebeln, Karotten und den Sellerie in Scheiben schneiden und mit dem Rosmarin und den gerösteten Knochen sowie Fleischwürfeln in einen Topf schichten, mit Gemüsebrühe auffüllen, zum Sieden bringen und rund 15 Minuten kochen lassen. Dabei wiederholt Schaum und Fett abschöpfen, schliesslich die restliche Brühe dazugiessen, die Hitze reduzieren und das Ganze mindestens 5 Stunden köcheln lassen. Vor jeglichem Weitergebrauch erneut entfetten und durchsieben.

Carpione

Marinade für gebratenes Gemüse, Fleisch und Fisch

«Der Name *Carpione* bezieht sich auf den Karpfen, den man traditionellerweise in diese Marinade eingelegt hat. Die Methode gibt es seit unzähligen Generationen. Sie entstammt der einfachen, ländlichen Küche. Ursprünglich schätzte man sie vor allem, weil sie praktisch war, heute liebt man die säuerliche Komponente zu gebratenen Zucchinischeiben, panierten Schnitzeln, pochierten Eiern und vielem anderem.»

1 grosse Zwiebel
3 Knoblauchzehen
2 Büschel Salbeiblätter
2 EL Olivenöl extra vergine
2 Gläser Weisswein
1 Glas kräftiger Rotweinessig
Salz

Die Zwiebel in Ringe, den Knoblauch in Scheibchen schneiden. Mit den Salbeiblättern in Olivenöl anziehen lassen, aber darauf achten, dass dabei nichts braun wird. Mit Wein und Essig ablöschen, aufkochen und ganz wenig salzen. Die ausgekühlte Marinade über gebratenes Fleisch und Gemüse giessen und alles gut zwei Tage ziehen lassen. (Bild oben)

Bevor der Kämpfer für ein geeintes Italien, Giuseppe Garibaldi, 1860 in Sizilien landete, hatten die Köchinnen und Köche des Piemont ihre Saucen mit portugiesischem Madeira verfeinert. Der sizilianische Marsala, den sie fortan verwendeten – und in den auch Claudia die schwarzen Trüffel einlegt – markiert also immer diese Zeitwende, wenn auch auf rein kulinarische Art.

Marinatura per tartufo nero

Marinade für schwarze Trüffel

«Diese Art der Konservierung nützen wir im Piemont, um Trüffel auch ausserhalb ihrer Saison geniessen zu können. Sie eignet sich aber wirklich nur für unsere schwarzen Trüffel.»

2 kleine schwarze Trüffel (100 g)
6 schwarze Pfefferkörner
4 Lorbeerblätter
½ l trockener Marsala
¼ l trockener Weisswein
100 ml Cognac

Die Trüffel unter fliessendem kaltem Wasser abbürsten, dann sorgfältig abtrocknen. Zwei Einmachgläser gut reinigen und vorbereiten und in jedes Glas eine Trüffel, drei Pfefferkörner und zwei Lorbeerblätter geben. Die anderen Zutaten vermischen und darübergiessen. Dicht verschlossen im heissen Wasserbad 20 Minuten sterilisieren. An einem dunklen, etwas kühlen Ort mindestens ein Jahr ziehen lassen.
Für die Zubereitung einer Trüffelsauce die Flüssigkeit aus einem Glas zur Hälfte einkochen und mit kalter Butter aufschlagen. Die Trüffel, deren Aroma sich aufs feinste mit der Marinade verbunden hat, in Scheibchen schneiden und hinzufügen. Die Sauce passt zum Beispiel zur Tartrà (Seite 64) oder zu einem Entrecôte (Seite 112).

Fonduta

Käsecreme

«Die Fonduta passt zu vielen Speisen: als Saucenspiegel zu den *Agnolotti verdi* (Seite 85) oder als Creme zum Gemüseflan (Seite 103), um nur zwei Beispiele zu nennen. Im Herbst geniessen wir sie gerne mit Scheiben von weisser Trüffel.»

300 g Fontinakäse
150 ml Milch
3 Eigelb
30 g Butter

Den Käse in feine Scheibchen schneiden und etwas in der Milch einweichen. Die Eigelbe mit der Gabel ganz leicht verschlagen, die Butter ein wenig zerstückeln und beides zur Käse-Milch-Mischung geben. Diese nun im heissen Wasserbad und unter ständigem Rühren zum Schmelzen bringen. Sobald sich eine homogene Creme bildet, die keine Fäden zieht, ist die *Fonduta* zum Anrichten bereit.

Was den Parisern ihre Baguette, ist den Turinern der Grissino. Abgesehen von der langen schmalen Form und der verführerischen Knusprigkeit haben die beiden auch noch andere Gemeinsamkeiten: sie wurden in Windeseile überall beliebt und brauchen heute selbst im Ausland keine Propaganda mehr. Die Grissini erlebten ihre Einführung beim Turiner Adel des 17. Jahrhunderts, der das Knabbern an den Brotstengeln als elegante Diät auffasste. Heute gehören sie im Piemont in jedes Haus, auf jeden Tisch, und wer sich zum Backen nicht selber die Zeit nimmt, besorgt sie sich frisch beim Bäcker. Puristische Feinschmecker achten sogar darauf, durch welche Technik ein Grissino zustandegekommen ist: ob durch einfaches Rollen unter den Handflächen oder durch das weit schwierigere Längszwirbeln zwischen Daumen und Zeigefinger. Nur ein Grissino, der auf letztere Weise entstanden ist, ein sogenannter Grissino stirato, hat Zugang zu den feinsten Adressen.

Grissini

Brotgebäck

«Wie die Karaffe mit Wasser gehören auch die *Grissini* grundsätzlich auf unseren Tisch. Wir schätzen sie als ein ungemein praktisches Brot: selbst wenn sie schon ein paar Tage alt sind, braucht man sie nur fünf Minuten in den warmen Ofen zu schieben und schon sind sie wieder knusprig frisch.»

Für 10 Personen

500 g Mehl
2 gestrichene TL Salz
50 g Hefe
30 g Zucker
200 ml Wasser
80 ml Olivenöl extra vergine

Auf einem Brett das Mehl mit dem Salz vermengen und in der Mitte eine Vertiefung bilden. Die Hefe und den Zucker im lauwarmen Wasser auflösen und zusammen mit dem Öl in die Mulde giessen. Zu einem geschmeidigen Teig kneten. Sollte er zu trocken geraten sein, noch etwas Wasser hinzufügen und weiterkneten, bis er nicht mehr reisst. An einem warmen Ort auf das doppelte Volumen aufgehen lassen, dann in faustgrosse Portionen zerteilen. Jede knapp 1 cm dick ausziehen und in schmale Streifchen zerschneiden. Diese zwischen Daumen und Zeigefinger beider Hände in die Länge zwirbeln, auf ein gebuttertes Blech legen und noch einmal kurz gehen lassen. In den heissen Ofen schieben und bei 160 °C rund 40 Minuten backen.

Pane
Brot

«Nach traditioneller Manier besteht dieses Brot einzig aus Mehl und Wasser. Es ist etwas sehr Einfaches und schmeckt ja so gut!»

500 g Weissmehl
½ TL Salz
60 g frische Hefe
200 ml abgekochtes Wasser

Das Mehl mit dem Salz vermischen und in die Mitte eine Mulde drücken. Die Hefe in lauwarmem Wasser auflösen, in die Mulde giessen, dann alles locker vermischen und schliesslich zu einem geschmeidigen Teig verarbeiten. Mehrere Minuten tüchtig kneten. Einen länglichen Laib formen und mit einer scharfen Rasierklinge tiefe Schnitte auf der Oberseite anbringen, damit der Teig gut aufgehen kann. Mit einem Tuch zudecken und an einem warmen Ort ruhen lassen. Nach etwa 2 Stunden in den vorgeheizten Ofen schieben und bei 180 °C rund 50 Minuten backen.

Pane al latte
Milchbrötchen

«Auf dem Land waren dies einmal die ‹Sonntagsbrötchen›. Sie haben nichts Raffiniertes an sich, sondern verführen schlicht durch gute Rohprodukte.»

500 g Weissmehl
½ TL Salz
½ TL Zucker
15 g Hefe
100 ml abgekochtes Wasser
1 Ei
50 g flüssige Butter
100 ml Milch

Das Mehl mit dem Salz und Zucker vermischen und in die Mitte eine Mulde drücken. Die Hefe im lauwarmen Wasser auflösen und mit den anderen Zutaten in die Mulde geben. Alles locker vermischen und schliesslich zu einem geschmeidigen Teig verarbeiten. Mehrere Minuten gut durchkneten, dann kleine Brötchen formen und mit einem scharfen Rasiermesser kreuzförmige Schnitte auf der Oberseite anbringen. Mit einem Tuch zudecken und 2 Stunden an einem warmen Ort gehen lassen. Im vorgeheizten Ofen bei 180 °C rund 40 Minuten backen.

Pasta per lasagnette, maltagliate e tagliolini

Teig für geschnittene Nudeln

400 g Weissmehl
1 Prise Salz
12 Eigelb

Das Mehl auf ein Brett sieben und in die Mitte eine Mulde drücken. Das Salz und die Eigelbe hineingeben, dann vom Mehlrand her alles locker vermischen und schliesslich zu einem Teig kneten. Da dieser ziemlich fest ist, muss er kräftig geknetet werden, lässt sich dann aber dank seiner Beschaffenheit mit der Nudelmaschine gut auswalzen und saugt sich später richtig mit Sauce voll. Den Teig zugedeckt etwas ruhen lassen, in Portionen schneiden und jede nach Bedarf mehr oder weniger dünn ausrollen: für Tagliolini hauchdünn, für Lasagnette etwas weniger und für die Maltagliate noch weniger. Die ausgewalzten Teigbahnen in jedem Fall vor der Weiterverarbeitung leicht trocknen lassen.

Pasta per agnolotti

Teig für gefüllte Nudeln

500 g Weissmehl
1 Prise Salz
4 Eier

Das Mehl auf ein Brett sieben und in die Mitte eine Mulde drücken. Das Salz und die ganzen Eier hineingeben, dann vom Mehlrand her alles locker und schnell zu einem geschmeidigen und weichen Teig verarbeiten. Den Ballen zu-

gedeckt mindestens ½ Stunde ruhen lassen, dann hauchdünn auswalzen. Man kann dafür ein Nudelholz benutzen, schneller und einfacher erzielt man jedoch mit der Nudelmaschine das, was zur hohen Schule der piemontesischen Küche gerechnet wird: durchsichtige *Agnolotti.*

Pasta sfoglia

Blätterteig

750 g Weissmehl
1½ EL Salz
¼ l kaltes Wasser
700 g Butter

500 g Mehl auf ein Brett sieben und in die Mitte eine Mulde drücken. Einen Esslöffel Salz und das Wasser hineingeben und alles schnell zu einem elastischen Teig verarbeiten. Diesen zugedeckt mindestens ½ Stunde am besten bei mittlerer Temperatur ruhen lassen. Nun die Butter in Stücke schneiden und mit dem restlichen Mehl und Salz locker und schnell zu einem Teig mischen. Auch diesen etwas ruhen lassen, und zwar möglichst bei gleicher Temperatur wie den ersten Teig. Den ersten Teigballen ein wenig ausrollen, den zweiten darauflegen und den vorstehenden Teig des ersten darüberschlagen. Nun dieses Paket ausrollen, dreifach zusammenfalten, erneut ausrollen und erneut dreifach zusammenfalten. Den Teig in Folie wickeln, eine Viertelstunde kühlen, darauf das Ausrollen und Zusammenfalten noch zweimal wiederholen.

Zucchero caramellato

Karamel

«Mit flüssigem Karamel verziere ich gern ein Dessert, oder ich benütze ihn als Aroma für eine Creme.»

125 g Zucker
100 ml kaltes Wasser

Den Zucker mit der Hälfte des Wassers verrühren, in ein Pfännchen geben und nun, ohne zu rühren, bei mässiger Hitze nussbraun karamelisieren. Vom Herd nehmen, das restliche Wasser dazugiessen, gut umrühren und den Karamel noch bis zur gewünschten Farbe und Konsistenz etwas weiterköcheln.

Stuzzichini

Appetithäppchen

Kühlen Sie einen trockenen Spumante und schneiden Sie die mit Kräutern gewürzte *Pancetta* und die in Rotwein marinierte luftgetrocknete Salami möglichst dünn auf. Die *Grissini* sind Ihnen beim ersten Versuch vielleicht noch etwas unregelmässig geraten, aber sie sind kross und duften ungemein appetitlich. Das Rösten der Brotscheibchen für die *Crostini* kann bis zum letzten Moment warten, nur braucht man genug Rettich- und Mandelpaste, weil diese bei den Gästen so beliebt ist. Heiss und knusprig sollen die Fleischkügelchen mit Minze sein, die wie die fritierten Salbeiblättchen oder die Holunderküchlein zu den vielen kleinen Überraschungen gehören, mit denen Sie dem Aperitivo Ihre Liebe erklären.

Eine Salami ist nicht einfach eine luftgetrocknete Wurst aus Schweinefleisch und mehr oder weniger grossen Speckstückchen. In den traditionellen Osterien und Ristoranti der Langhe wird sie noch oft hausgemacht und schmeckt denn auch jedesmal wieder anders. Nach Claudias Rezept lässt man das grob gehackte Fleisch erst in einer Marinade aus Barbaresco, Zimt, Nelken, Knoblauch und Rosmarin ziehen. Die Schweinsdärme, die das Fleisch wie eine «Haut» umhüllen, besorgt man sich beim Metzger – dal vostro amico macellaio – und schnürt sie nach dem Füllen wie Pakete zu. Zum Trocknen der Würste ist ein gut durchlüfteter Dachboden oder ein Raum mit einem Öfchen nötig. Mehrere Tage bleiben sie dort aufgehängt, während derer man ihnen täglich einen Besuch abstattet, um sie umzuwenden. Die zweite Reifephase vollzieht sich schliesslich im kühlen, doch luftigen Keller. Sie kann sich über Wochen erstrecken, bis ein würziger Duft und die Druckprobe zwischen Daumen und Zeigefinger ankündigen: Jetzt ist die Salami reif!
Ein altes piemontesisches Verfahren ist das Kochen – statt Trocknen der Salami. Für einen solchen Salame cotto lässt man das Fleisch wie beschrieben erst marinieren und die Würste rund eine Woche trocknen. Danach werden sie in knapp siedendem Wasser gekocht.

BIRILLE DI CARNE ALLA MENTA

Fleischkügelchen mit Minze

«Beim Aperitivo gehen diese winzigen Bällchen weg wie nichts. Man kann sie nach dem Braten auch in eine *Carpione*-Marinade (Seite 31) einlegen und hat für spätere Gelegenheiten einen fertigen kalten Imbiss vorbereitet.»

200 g gehacktes Kalbfleisch
1 Eigelb
Salz, schwarzer Pfeffer aus der Mühle
frisch geriebene Muskatnuss
1 Prise Zimt
4 zermahlene Nelkenköpfe
4 zerdrückte Wacholderbeeren
4 Zweige frische, gehackte Minze
Olivenöl extra vergine

Die Zutaten bis auf das Öl in einer Schüssel sehr gut vermischen. Mit den Fingern davon kleine Portionen abzupfen und zwischen den Handflächen zu haselnussgrossen Kügelchen rollen. In einer Bratpfanne genügend Öl erhitzen, um sie rundum knusprig zu braten. Auf einem Tuch oder Haushaltspapier abtropfen lassen und heiss servieren. (Bild rechts)

CROSTINI DI RAFANO E MANDORLE

Crostini mit Meerrettich und Mandeln

«Im Garten suche ich mir einen schönen Meerrettich aus, wasche ihn gründlich unter fliessendem Wasser, schäle ihn und rasple ihn fein. – Das kostet Tränen, aber es lohnt sich! – Anschliessend vermische ich die Masse mit kaltgepresstem Olivenöl und grob gemahlenen geschälten Mandeln. Wenn die Zeit für den Aperitivo gekommen ist, röste ich Brotscheiben, bestreiche sie erst leicht mit Butter und dann mit der Meerrettichpaste.»

BALLOTTE DI POLENTA FARCITA DI GUSTI NOSTRANI

Gefüllte Polentabällchen

«Es gibt keine besseren Aperohäppchen *a sorpresa*. Sie sind so leicht herzustellen, dass ich Ihnen die Zubereitung ohne weitere Einführung erkläre:

Ich nehme etwas gekochte, feste Polenta, wenn möglich einen Rest vom Vortag. Diese verschmische ich mit einem leicht verquirlten Ei, geriebenem Parmesan und frisch gemahlenem schwarzem Pfeffer. Mit nassen Händen lassen sich nun daraus etwa walnussgrosse Bällchen formen, in die man nach Lust und Laune allerlei Dinge füllt: ein Würfelchen Fontina-Käse, ein Stückchen Gorgonzola, ein Schnipsel gekochte Wurst, ein Bröckchen Salami, ein Schnittchen Sardelle, ein Löffelchen Tomatensauce, eine entsteinte Olive und noch vieles mehr, was einem die Phantasie gerade eingibt. Die Bällchen verschliesse ich wieder gut, rolle sie dann in feinem Maisgriess und backe sie in heissem Olivenöl knusprig.»

Eine weitere, oft hausgemachte Zutat zum Aperitivo ist die Pancetta. Claudia nimmt dafür ein schönes Stück durchzogenen Bauchspeck und bestreut ihn mit grobem Meersalz. Dann reibt sie die eine Seite mit einer Mischung aus gehacktem Rosmarin, Knoblauch, frisch gemahlenem Pfeffer und Muskatnuss ein, rollt den Speck auf und bindet ihn ähnlich wie die Salami. Wie diese wird dann auch die Pancetta zum Lufttrocknen aufgehängt und täglich gewendet: testa-piedi, piedi-testa, betont die versierte Köchin.

Friciula della nonna

Grossmutters Hefeküchlein

«Man kann sich bei diesem sehr alten piemontesischen Rezept noch viele Varianten einfallen lassen, zum Beispiel kann man gehackten Rosmarin oder Thymianblättchen unter den Teig mischen. Opulenter wird die *Friciula* mit Olivenpaste, die man in den Langhe auch ‹Kaviar der Armen› nennt.»

100 g Weissmehl
1 Prise Salz
10 g Hefe
1 Glas lauwarmes Wasser
Olivenöl extra vergine, wenn möglich mit Rosmarin aromatisiert

Das Weissmehl mit dem Salz vermischen und eine Mulde hineindrücken. Die Hefe im lauwarmen Wasser auflösen, dann nach und nach mit dem Mehl vermischen, bis sich daraus ein geschmeidiger Teig kneten lässt. Den Teig gut durchkneten und bei Raumtemperatur auf das doppelte Volumen aufgehen lassen. Mit dem Nudelholz Teigplatten von rund ½ cm Dicke und 10 cm Durchmesser ausrollen und in aromatisiertem Olivenöl ausbacken. Auf einem Tuch oder Haushaltspapier abtropfen lassen, in Dreiecke schneiden und noch warm mit einem Stück luftgetrockneter Salami servieren.

Frittelle di sambuco

Holunderküchlein

«Ein Aperitivo bietet die schöne Gelegenheit, den Frühling mit diesen Küchlein und einem Glas Spumante zu feiern.»

2 EL Weissmehl
100 ml Milch
1 Eigelb
Salz
150 ml Olivenöl extra vergine
150 ml Maiskeimöl
12 Dolden Holunderblüten

Das Mehl in eine Schüssel geben und in der Mitte eine Mulde bilden. Die Milch, das Eigelb und etwas Salz hineingeben, dann alles zu einem glatten Teig verrühren und etwa eine halbe Stunde ruhen lassen. Nun in einer nicht zu grossen Bratpfanne die Ölmischung erhitzen; sie sollte jedoch nicht rauchen. Die Holunderblüten in den Teig tauchen und im Öl knusprig ausbacken. Auf einem Haushaltspapier abtropfen lassen und warm servieren.
(Bild rechts)

FRITTINI DI ERBE AROMATICHE

Kräuterküchlein

«Mit einem knackigen grünen Salat lassen sich diese *Frittini* auch bestens zu einer Vorspeise oder leichten Mahlzeit kombinieren. Im Piemont gehören sie traditionell zum Ostermontag Ausflug.»

FÜR 8 PERSONEN

Wild- und Ackerkräuter wie zarte Blättchen von Klatschmohn, Brennesseln, Balsamkraut, Wegwarte

Gartenkräuter wie Petersilie, Salbei, Minze, Rosmarin, Thymian, Majoran, junge Sellerieblätter, auch Spinat

1 Lauchzwiebel

2 winzige, zarte Knoblauchknöllchen mit Grün oder 1–2 Zehen von frischem Knoblauch

3 Eier

2 EL frisch geriebener Parmesan

1 Scheibe Weissbrot, in Milch eingelegt

Salz, schwarzer Pfeffer aus der Mühle

Olivenöl extra vergine

Die Kräuter gut waschen und abtrocknen, dann mit einem scharfen Messer fein hacken. Die Lauchzwiebel und den Knoblauch, beide mit ihren langen grünen Blättern, sehr fein schneiden. In einer Schüssel die Eier leicht verquirlen und mit dem Käse vermengen. Das Brot ausdrücken, zerpflücken und daruntermischen. Am Schluss die Kräuter und die Gewürze beifügen. In einer Bratpfanne etwas Öl leicht erhitzen und kleine, flache Plätzchen backen.

Sòma d'aj

Knoblauchbrot

«Unsere Vorfahren assen die *Sòma d'aj* zu jeder Jahreszeit: im Sommer mit einer noch sonnenwarmen Tomate, im Herbst mit frisch gepflückten Dolcetto-Trauben, im Winter mit einer wohlgenährten roten Sardine. Im Frühling hingegen genügte ganz einfach der Knoblauch, weil er ja dann noch jung und mild ist. Natürlich handelt es sich um einen äusserst rustikalen Imbiss. Wer ihn raffinierter wünscht, belegt die Brotscheiben mit einer Mischung aus Tomatenwürfeln, Basilikum und Olivenöl.»

1 knuspriges, gut gebackenes Stangenbrot
1–2 Knoblauchzehen
Olivenöl extra vergine
Salz

Das Brot in Scheiben schneiden. Den Knoblauch schälen und in Olivenöl tauchen. Mit den durchtränkten Zehen die Brotrinde kräftig einreiben und etwas Öl darüberträufeln, leicht salzen.

Salvia fritta

Gebackene Salbeiblätter

«Der Salbei gehört zu den schönsten Geschenken der Natur. Die flaumigen Blätter haben ein unverwechselbares Aroma, mit dem sie unzähligen Gerichten wie Braten, Gemüse- und Raviolifüllungen, Saucen, Eierspeisen und vielem anderem mehr eine besondere Note geben. Während der Monate Juni und Juli überzieht die Pflanze ein wunderschöner Mantel aus blauvioletten Blüten, die auch auf dem Teller sehr dekorativ wirken.»

1 Ei
Salz
20 Salbeiblätter
2 EL Weissmehl
2 EL Brotbrösel
Olivenöl extra vergine

Das Eigelb mit dem Salz verquirlen, das Eiweiss steif schlagen und unterziehen. Die Salbeiblätter erst im Mehl wenden, dann in die Eimasse tauchen und beidseitig mit den Brotbröseln panieren. In einer Bratpfanne in heissem Olivenöl ausbacken, zum Abtropfen auf ein Tuch oder Haushaltspapier legen und sofort servieren. (Bild oben)

Vor den Küchenfenstern des La Contea reckt sich der Gewürzlorbeer, als müsste er beweisen, dass er schon immer da war. Von feuchtem Moos verfärbte Steinstufen führen an ihm vorbei hinunter in einen Gemüsegarten, in dem sich wohlgeordnete Salatbeete neben ungezähmt wuchernden Kräutern behaupten. Allein dieser Anblick genügt, um die rituell anmutende Zubereitung der Gerichte hier zu verstehen: den selbstverständlichen Griff zu frischen Lorbeerblättern und Rosmarinzweigen, das Lösen der Knoblauchzehen aus ihren Knollen und Häuten, an denen noch der Geruch der Erde haftet; schliesslich das Erwärmen dieser würzenden Substanzen im Olivenöl, um darin ein Küchlein, ein Fleischstück oder Gemüse zu braten. Noch viel aromatischer wird das Öl, wenn man die Kräuter darin einlegt. Dies ist zudem eine praktische Konservierungsmethode.
Eine Fussnote zu dem in den Rezepten verwendeten Lorbeer: Die Angaben beziehen sich immer auf frische Blätter. Getrocknete Blätter haben zwar weniger Aroma, aber einen etwas beissenden Nachgeschmack. Werden solche gebraucht, ist daher die angegebene Menge zu reduzieren.

Bitterstoffe, wie sie zum Beispiel im Löwenzahn oder Spargel vorkommen, wirken anregend auf Appetit und Gallenfluss. Diese Erkenntnis verhalf den piemontesischen Wermutweinen, für die sogar Giovanni Vialardi, der Leibkoch von Vittorio Emanuele II., ein Rezept erfunden hat, zu Berühmtheit. Heute machen die verschiedenen Turiner Firmen ein Geheimnis aus den verwendeten Mixturen, doch dürfte man da und dort auf eine Pflanze stossen, die in der einheimischen Küche ihren Platz hat. Im Garten des La Contea wächst auch so ein Kraut. Erba di San Pietro nennen es die Piemontesen und verwenden es mit Gusto in deftigen Fleischfüllungen, herzhaften Salaten oder Eierspeisen. Bei uns heisst das herb-bittere Kraut Balsamkraut, doch es ging vergessen, und wo immer es in diesen Rezepten auftaucht, wird man sich mit einem Ersatz behelfen müssen.

Dadini di frittata agli zucchini ed amaretti

Eierkuchen aus Zucchini und Amaretti

«Dieses Gericht ist eine Verführung, der man einst den Namen ‹Frittata delle spose› – Hochzeitsomelett – gab.»

Für 6 Personen

3–4 sehr kleine und ganz frische Zucchini
etwas Butter
1 geschälte Knoblauchzehe
2 Lorbeerblätter
Salz
4 Eier
1 EL frisch geriebener Parmesan
3–4 Basilikumblätter
3 trockene, bittere Amaretti

Die gartenfrischen und daher noch zart duftenden Zucchini in dünne Scheibchen schneiden. Etwas Butter mit der Knoblauchzehe und den Lorbeerblättern in einer Pfanne aufschäumen lassen, die Zucchinischeibchen darin anziehen lassen und salzen. In einer Schüssel die Eier locker aufschlagen und mit dem Parmesan, den kleingezupften Basilikumblättchen und schliesslich den Zucchinischeibchen vermengen. Die Amaretti mit einem Nudelholz zerbröseln und hinzufügen. In einer Bratpfanne etwas Butter schmelzen, die Eiermasse hineingiessen und bei mässiger Hitze goldgelb bräunen. Dann mit Hilfe eines Tellers das Omelett wenden und auch auf der anderen Seite kurz garen. In Rechtecke schneiden und lauwarm servieren.

Fiori di zucchino alla monferrina

Zucchiniblüten nach der Art des Monferrato

Für 6 Personen

mindestens 12 Zucchiniblüten
1 EL Mehl
1 Glas Milch
1 Prise Salz
180 g grobe gekochte Salami oder andere ähnliche Kochwurst
180 g Fontina-Käse
Olivenöl extra vergine

Die Zucchiniblüten weit öffnen und die Stempel entfernen. In einer Schüssel das Mehl und die Milch verrühren, ganz wenig salzen und die Blüten wenige Minuten darin einweichen. Die Wurst und den Käse in etwa drei Zentimeter lange Stifte schneiden und die abgetropften Blüten damit füllen. An den Spitzen die Blüten verschliessen, in sehr heissem Olivenöl backen, auf Haushaltspapier abtropfen lassen und servieren.

Pane e conserva fatta in casa

Geröstetes Brot mit eingemachter Tomatensauce

«Am besten eignet sich Brot, das schon einen Tag alt ist. Ich schneide es in dünne Scheiben und diese dann noch in kleine Rechtecke. Erst röste ich sie im heissen Ofen, dann reibe ich sie ganz leicht mit Knoblauch ein und bestreiche sie mit meiner eingemachten rohen Tomatensauce (Seite 28). Nun werden die Brotstückchen noch einmal kurz im Ofen aufgebacken, und vor dem Servieren verziere ich sie mit Basilikum.»

Antipasti freddi

Kalte Vorspeisen

Manche für uns typischen Vorspeisen waren ursprünglich schlichte Hauptmahlzeiten. Auf dem Land, wo die ganze Familie oft erst abends von der Feldarbeit nach Hause zurückkehrte, bildete sich die Gewohnheit heraus, bestimmt Gerichte schon so vorzubereiten, dass man sie später ohne lange Kocherei auftischen konnte. Beides ergibt heute wieder einen praktischen Sinn: Schliesslich haben auch wir nicht jeden Tag Lust, mehrgängig zu speisen, und wer Gäste erwartet, ist froh, ein Essen in Musse planen zu können. Unter den folgenden Rezepten finden Sie sowohl Einfaches als auch Raffiniertes, Gerichte aus möglichst gartenfrischen Zutaten und solche, die besser etwas ruhen, eine Weile in Kräutern oder Olivenöl ziehen, bis sie genussbereit sind.

Lange verwechselten die Europäer die Topinambur mit der Kartoffel, ja sogar mit der Trüffel. Aufgrund ihres artischockenähnlichen Geschmacks fand die knorrige Erdknolle in französischen und italienischen Küchen eine breite Verwendung. Im Piemont liebt man sie gemischt in Salaten und als Gemüsebeilage zur Bagna câoda. Je nach Beschaffenheit braucht man sie nur abzubürsten statt zu schälen, und die Knolle lässt sich, fein gehobelt, auch roh geniessen.

INSALATA DI GUSTO PIEMONTESE RUSPANTE

Salat nach rustikalem piemontesischem Geschmack

«Die knackige Mischung aus Grünzeug, zusammen mit der würzigen Sauce, wirkt appetitanregend. Dieser Salat eignet sich auch sehr gut als Beilage zu kräftigen Bratenstücken.»

4 Handvoll knackige, nicht zu druckempfindliche Salatblätter wie Chicorée, Lattich (römischer Salat), Löwenzahn
1 Karotte
2 Stengel Bleichsellerie
3 Radieschen
1 Tompinambur
1 längliche grüne Peperoni (Paprika)
1 Handvoll gemischte Kräuter wie Petersilie, Basilikum, Sellerieblätter, Majoran, Minze, Estragon, Kresse, Rucola

SAUCE:
1 hartgekochtes Eigelb
1 EL scharfer Senf
Salz, Pfeffer aus der Mühle
4 EL kräftiger Rotweinessig
8 EL Olivenöl extra vergine

Die Salatblätter in schmale Streifchen, die Karotte und die Selleriestengel in dünne Stifte schneiden. Die Radieschen und die geschälte Topinambur hobeln. Die Peperoni (Paprika) vom Stielansatz, nicht aber von den Samen befreien und in Streifchen schneiden. Die Kräuter hacken. Sämtliche Zutaten locker miteinander mischen. Die Saucenzutaten mit dem Schneebesen sämig aufschlagen und darüberträufeln.

INSALATINA DEGLI ORTOLANI DELLA VALLE DEL TANARO

Salat der Gärtner aus dem Tanarotal

«Im Winter verwenden wir für diesen Salat Spinatblätter und bestreuen ihn mit gerösteten Brotwürfeln.»

1 Kopfsalat, Eichblattsalat oder Lollo
4 Lauchzwiebeln
60 g mittelreifer Robiola-Käse
1 Dutzend entsteinte grüne Oliven
80 g Thunfisch aus der Dose
1 hartgekochtes Ei

SAUCE:
3 EL Zitronensaft
6 EL Olivenöl extra vergine
Salz, Pfeffer aus der Mühle
frische Basilikumblättchen, mit den Fingern zerzupft

Den frisch gepflückten Salat waschen, gut abtropfen lassen und in feine Streifen schneiden. Auch die Zwiebeln, den Käse und die Oliven möglichst dünn schneiden, den Thunfisch zerkleinern. Alles locker miteinander vermengen und auf Salatteller geben. Mit Eivierteln oder -scheiben garnieren. Die Zutaten für die Sauce verrühren und darüberträufeln. (Bild links)

ASPARAGI SOTTO SALSA TARTARA NOSTRANA

Spargel mit piemontesischer Tartarsauce

«Die Spargel koche ich für dieses Rezept so, wie ich es Ihnen auf Seite 64 erklärt. Dann bereite ich eine Mayonnaise aus 2 Eigelb, 1 Glas Olivenöl extra vergine und dem Saft von ½ Zitrone zu. Sobald sie schön dick ist, menge ich ½ Esslöffel Senf und folgende fein gehackte Zutaten darunter: 2 abgespülte, entgrätete Sardellenfilets, 1 Handvoll Petersilie, ein paar Salbeiblätter, etwas Bleichsellerie und Majoran, 1 gepresste Knoblauchzehe, ein wenig Schnittlauch, 10 Kapern, 2 Esslöffel Essiggemüse. Die knackig gekochten Spargel lege ich auf eine Platte und überziehe sie von der Spitze bis zur Stangenmitte mit dieser so appetitlichen und durch und durch piemontesischen Sauce.»

PEPERONI AL FORNO

Peperoni aus dem Ofen

«Am besten schmecken diese Peperoni, wenn sie ganz fleischig sind. Man kann sie nach Belieben noch zusätzlich mit Sardellenröllchen garnieren.»

2 grosse, dicke Peperoni (Paprika)

SAUCE:
4 Sardellenfilets
2 Knoblauchzehen
6 EL Olivenöl extra vergine
2 EL frische, gehackte Petersilie, Salbei, Minze und Thymian
½ EL Kapern, in Essig eingelegt
frische Basilikumblätter

Die gewaschenen und abgetrockneten Peperoni mit etwas Olivenöl bepinseln, auf ein Blech legen und im Ofen bei 200 °C unter gelegentlichem Wenden rösten. Herausnehmen und noch warm die Haut abziehen, Stielansatz und Samen entfernen. Längs in Viertel schneiden und auf flache Teller legen.
Die Sardellenfilets mit einer Gabel zerdrücken, den Knoblauch pressen und mit dem Öl sämig aufschlagen. Die gehackten Kräuter und die Kapern daruntermengen, und die Sauce über die Peperoni verteilen. Mit Basilikumblättchen, die man je nach Grösse ganz lässt oder etwas kleinzupft, dekorieren. (Bild unten)

PATÉ DI FEGATO

Leberpaté

«Wir servieren diese fürstliche Schlemmerei mit ofenwarmen Milchbrötchen zum Aperitivo oder auch wie eine Terrine als Vorspeise. Dass nur ganz frische und einwandfreie Rohprodukte dafür in Frage kommen, ist selbstverständlich.»

FÜR 6 BIS 8 PERSONEN
250 g Kalbsleber
250 g Geflügelleber
etwas Butter
1 Zweig Rosmarin
5 Salbeiblätter
100 g fein geschnittene Zwiebel
100 ml trockener Marsala
Salz, schwarzer Pfeffer aus der Mühle
500 g weiche Butter
40 g schwarze Trüffel
50 ml Cognac

Die Leber unter fliessendem kaltem Wasser gut abspülen und abtrocknen. In dünne Scheibchen schneiden und in etwas Butter mit dem Rosmarin, dem Salbei und den feingeschnittenen Zwiebeln gut anbraten. Mit Marsala ablöschen und 2–3 Minuten sanft köcheln lassen. Rosmarin und Salbei entfernen, dann die Leber vorsichtig salzen und pfeffern. Ausgekühlt durch ein Sieb streichen und mit der weichen Butter zu einer homogenen Masse vermengen. Die gereinigte Trüffel in winzige Würfelchen schneiden und mit dem Cognac gut in die Leberpaté einarbeiten. In eine Terrinenform oder Portionstöpfchen füllen und mehrere Stunden kalt stellen.

ASPIC BORGHESE LANGHIGIANO

Aspik nach der bürgerlichen Art der Langhe

«An den grossen Festtagen wie Ostern, Weihnachten und Neujahr gibt es immer eine gesülzte Speise, so richtig nach bürgerlichem Geschmack. Für das folgende Gericht ist es natürlich praktisch, wenn man die Reste einer gebratenen Ente verwenden kann.»

FÜR 6 PERSONEN

300 g gebratenes Entenfleisch wie z.B. Brust oder Schenkel
1 EL Balsamessig
120 g in Essig eingelegtes Gemüse
½ l hausgemachter Aspik (Seite 29)

Das Fleisch in schmale Streifchen oder kleine Würfel schneiden und mit dem Balsamessig vermischen. Auch das Essiggemüse passend zerkleinern. Den Boden einer Form mit etwas Sülzbrühe ausgiessen und erkalten lassen. Ein paar Fleischstückchen und Gemüsestreifchen darauflegen und Brühe nachgiessen, dann wieder kühlen. Mit dem Einschichten so fortfahren, bis die Form gefüllt ist. Im Kühlschrank vollständig erstarren lassen. Vor dem Servieren ganz kurz in warmes Wasser tauchen und stürzen, auf bunten Salatblättern anrichten. (Bild links)

INSALATINA DI GIOVANE VITELLA

Kalbfleischtatar

«Für dieses piemontesische Tatar müssen sämtliche Zutaten absolut frisch sein. Ebenso wichtig ist die Qualität von Fleisch und Olivenöl. Die Gewürze sollen möglichst ein dezentes Aroma abgeben.»

PRO PERSON

80 g Kalbsnuss oder -filet
eine Spur Knoblauch
etwas Bleichsellerie
1 EL Zitronensaft
1 EL Olivenöl extra vergine
1 Prise Salz
etwas grob gemahlener Pfeffer
frische Kräuter und grüne Salatblätter zum Garnieren

Irgendwann begannen wir uns in den immer moderneren und kleineren Küchen der Städte daran zu gewöhnen, übriggebliebene oder nicht mehr benötigte Speisen wegzuwerfen. Im Gegensatz dazu steht die piemontesische Lebenshaltung. Die einfallsreichen Köchinnen haben sich unzählige Möglichkeiten ausgedacht, um aus Bratenresten oder Fleischabschnitten Füllungen für ihre Agnolotti oder ein Gemüse zuzubereiten oder selbst eine so raffinierte Vorspeise wie den Aspic borghese zu kreieren. Aus Teigabschnitten, die es beim Nudelmachen immer gibt, wurden die heute berühmten Maltagliate erfunden – oder die Marsaiot: Claudia, eine Nachfahrin dieser findigen Köchinnen, bereitet diese aus zu dicken oder unschönen Agnolotti zu und röstet sie als Appetithäppchen flugs auf dem heissen Herd. Unvorstellbar der Gedanke, eine Gemüse- oder Fleischbrühe wegzuschütten! Sie dient als Grundlage für einen Risotto, eine Suppe oder Sauce, die alle so einmalig schmecken, weil eben kein Industrie-Suppenwürfel darin gebadet hat.

Das Kalbfleisch mit einem scharfen Messer so fein schneiden, dass es wie gehackt aussieht. Schneller würde es mit der Maschine gehen, aber für ein gutes Ergebnis braucht es die Handarbeit. Nun auch Knoblauch und Sellerie sehr fein hacken, und sämtliche Zutaten gut miteinander vermischen. Unverzüglich auf einen Teller geben und mit den Zinken einer Gabel flachstreichen. Aus Kräutern und Salatblättern eine farbenfrohe Garnitur bilden.

Seit dem Mittelalter und bis weit über die Renaissance hinaus galt es als grosse kulinarische Kunst, eine Speise so herzurichten, dass man sie geschmacklich und optisch für etwas anderes halten konnte. Beliebt war es, Fleisch während der kirchlichen Fastentage so zu tarnen, dass es wie ein Fischgericht aussah. Beim Vitello tonnato oder Tonno di coniglio kann es sich sehr gut um ein Relikt aus jenen Zeiten handeln.

VITELLO TONNATO

Kalbfleisch mit Thunfischsauce

«*Vitello tonnato* gehört zu den ältesten traditionellen piemontesischen Gerichten. Die Zubereitung ist jedoch von Haus zu Haus verschieden. Nach manchen Rezepten wird das Fleisch erst mariniert oder mit Senf gebraten, nach anderen gesiedet. Wichtig ist in jedem Fall, dass es innen rosa bleibt.»

1 halbierte Zwiebel
2 Stengel Bleichsellerie
3 Knoblauchzehen
2 Rosmarinzweige
Salz
400 g Kalbfleisch (Filet, Nuss oderUnterschale)
Thunfisch-Mayonnaise (Seite 29)

In einem nicht zu grossen Topf genügend Wasser aufsetzen und zusammen mit dem Gemüse und den Gewürzen zum Kochen bringen. Das Fleisch hineingeben – kontrollieren, dass es vom Wasser bedeckt ist – und bei sachtem Feuer 30 Minuten oder so lange garen, dass es innen noch rosa bleibt. In der Brühe erkalten lassen, dann aufschneiden und dekorativ mit der Thunfischsauce überziehen. (Bild links)

TONNO DI CONIGLIO

Eingelegtes Kaninchen

«Den Namen ‹Tonno› erhielt dieses Gericht wohl irgendeinmal, weil das Fleisch des Kaninchens im Olivenöl so zart wird, dass es an Thunfisch erinnert. Diese Zubereitungsart ist natürlich ein Luxus, und daher sollten auch Sie keine der Zutaten verschwenden: Die Brühe ergibt eine prächtige Basis für Suppen und Saucen. Aus den Fleischteilen, die sich zum Anrichten weniger gut eignen, bereite ich eine Füllung für *Agnolotti* oder ähnliches. Die Leber und die Nierchen passen wunderbar in einen *Sugo,* und mit dem Olivenöl brate ich anderes Fleisch und nutze so sein aussergewöhnliches Aroma.»

FÜR 6 PERSONEN
1 junges, gut genährtes Kaninchen vom Bauern
5 l ungesalzene Gemüsebrühe aus besteckten Zwiebeln, Karotten, Sellerie, Knoblauch, Rosmarin u.ä.
½ l Olivenöl extra vergine
reichlich Knoblauchzehen
reichlich Salbeiblätter, gewaschen und sorgfältig abgetrocknet
Salz, Pfeffer aus der Mühle, Zitronensaft

Das ausgenommene Kaninchen kalt waschen und abtrocknen, in die siedende Gemüsebrühe geben und auf sanftem Feuer etwa 1 Stunde *al dente* garen. In der Brühe erkalten lassen, dann herausnehmen; das Fleisch von den Knochen lösen und in kleinere Stücke zerlegen.
Etwas Öl in ein genügend grosses Geschirr mit einem hohen Rand giessen. Eine Lage Kaninchenstücke hineinschichten, mindestens 8 (!) geschälte, ganze Knoblauchzehen und 20 (!) Salbeiblätter darüberstreuen. Grosszügig salzen und pfeffern, wieder mit Öl übergiessen, eine weitere Schicht Fleisch, Knoblauch und Salbei anlegen und so fortfahren, bis alles aufgebraucht ist. Wichtig ist, dass am Schluss alles gut mit Öl bedeckt ist. (Bild unten) Mit einem Teller beschweren und 2 bis 3 Tage an einem kühlen Ort ziehen lassen. Zwischendurch kontrollieren und bei Bedarf noch Öl nachgiessen. Zum Servieren legt man die abgetropften Kaninchenstücke auf bunte Salatblätter und beträufelt diese mit etwas Marinade. Grob gemahlener Pfeffer und ein paar Tropfen Zitronensaft runden den Geschmack ab.

PIERINA ZÄHLT MIT DEN FINGERN: fünf Küken bei der braunen Glucke, dann noch drei bei der weissen. Pierina ist Bäuerin, unten in der Ebene von Neive, und hält die Hühner als Nebenverdienst auf dem kleinen Hof, den sie und ihr Bruder unterhalten. Früher, als alle acht Geschwister noch hier lebten, brauchten sie die Eier für die eigene Familie, und im Winter, wenn sogar die eifrigsten Legehennen unzuverlässig wurden, reichten sie gerade nur knapp. Seit Pierina und ihr Bruder nur noch zu zweit am langen Tisch sitzen, hätten sie – rein wirtschaftlich gesehen – auch die Hühnerschar verkleinern müssen, aber Pierina würde das friedliche Gegacker ganz einfach fehlen. Mittlerweile liefert sie die Eier an Claudia im La Contea, dazu gelegentlich ein schönes Huhn, das sich beim Naschen aus den Maisvorräten so richtig wohl genährt hat. Die Bäuerin lässt ihr Federvieh frei laufen: die grau-weiss gesprenkelten oder braunroten Hennen sind unter den Haselsträuchern perfekt getarnt, und bei Gefahren plustern die Gockel ihr prächtig gefärbtes Gefieder. Auf die Feiertage hin werden sie kastriert und mit besonderen Leckerbissen gemästet. Da sie zu den besonderen piemontesischen Neujahrsspezialitäten zählen, erhält Pierina die Bestellungen dafür schon im Sommer. Auch Kaninchen hoppeln zwischen Kürbissen und im Schatten alter Maulbeerbäume. Die Mümmeltiere sind bei der Futtersuche unglaublich wählerisch, und die Dauerläufe zwischen den ausgesuchten Grasbüscheln stärken ihre Muskulatur. Von der selbstgesuchten Kräuterkost erhält ihr Fleisch zudem ein Aroma, das ganz anders ist als jenes gewöhnlicher «Stallhasen». Und immer wieder sind es diese scheinbaren Details, die aus einfachsten piemontesischen Rezepten etwas Besonderes machen.

LINGUA DI VITELLO AL BARBARESCO ACCOMPAGNATA DALLA BAGNA VERDE

In Barbaresco gekochte Kalbszunge mit grüner Sauce

«Statt Kalbszunge passt auch jedes andere gesottene Fleisch wunderbar zu dieser grünen Sauce. Im Winter servieren wir das Gericht lieber warm und gelegentlich auch mit anderen Saucen.»

2 l Wasser
1 Zwiebel, mit Nelken und Zimtrinde besteckt
1 Stengel Bleichsellerie
2 gewürfelte Karotten
1 Rosmarinzweig
2 Lorbeerblätter
2 Gläser Barbaresco
Salz
1 frische Kalbszunge von ca. 600 g

Bagna verde (Seite 24)

Das Wasser mit dem Gemüse, den Kräutern und Gewürzen zum Sieden bringen, den Barbaresco dazugiessen, salzen, dann die Kalbszunge hineingeben und rund 2 Stunden darin köcheln lassen. Die Garprobe mit der Messerspitze machen: das Fleisch soll zart sein, aber noch Widerstand leisten. Dann aus der Brühe nehmen, etwas auskühlen lassen und die Haut abziehen. In herzhafte Tranchen schneiden, mit der grünen Sauce überziehen und eventuell zusammen kurz durchwärmen. (Bild unten)

ANGUILLA IN CARPIONE

Eingelegter Aal

«Der Aal ist wahrscheinlich von allen Süsswasserfischen, die im Tanaro schwimmen, für die Küche der traditionellste. Schon seit Generationen gibt es die Zubereitungsart *in carpione*, und noch heute vermählt sich der Fisch mit der Marinade aufs vortrefflichste. Auch wird der Aal dadurch unvergleichlich zart.»

2 mittelgrosse Aale, vom Fischhändler gehäutet und in Stücke geschnitten
1 EL Weissmehl
200 ml Olivenöl und Maiskeimöl, gemischt
Carpione-Marinade (Seite 31)

Die Aalstücke unter fliessendem kaltem Wasser spülen und abtrocknen. Dann leicht im Mehl wenden und im heissen Öl einige Minuten braten. Auf Haushaltspapier abtropfen lassen und mindestens 3 Tage in die *Carpione*-Marinade einlegen. Zum Anrichten den Fisch auf Teller legen und mit den Zutaten der Marinade garnieren. (Bild rechts)

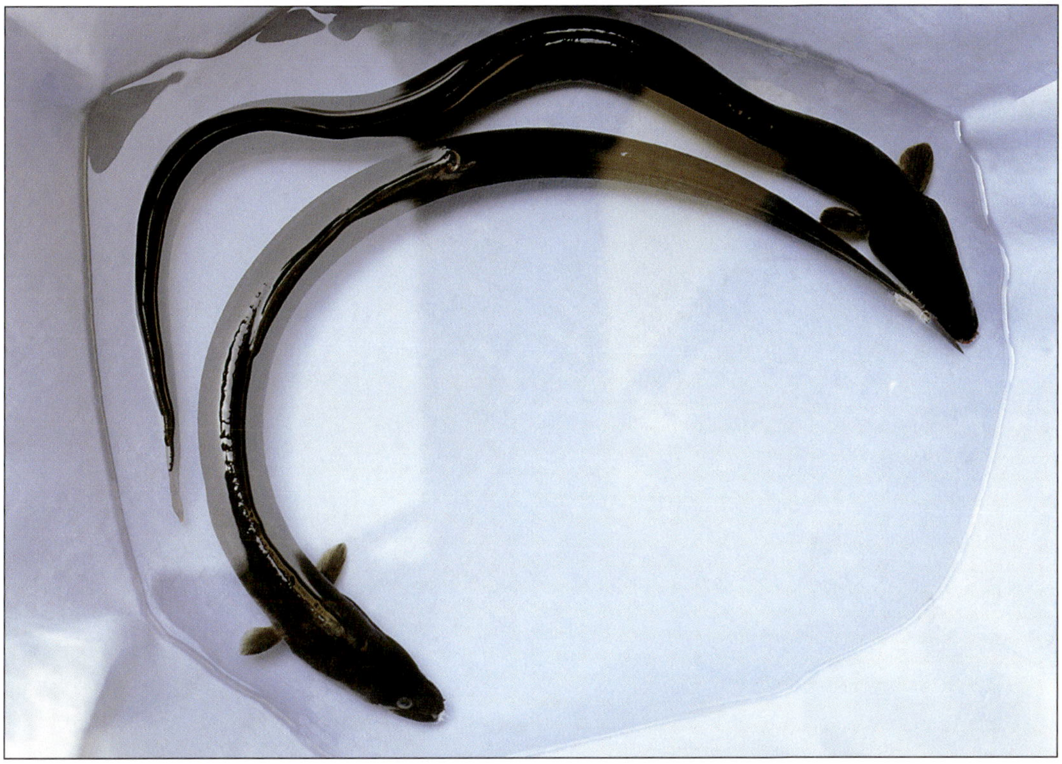

Von ihrer geografischen Lage und der Tradition her kennt die piemontesische Küche keinen frischen Meeresfisch. Sowohl die Sardellen aus dem Mittelmeer als auch den Kabeljau aus der Nordsee brachten ligurische Händler mit dem Olivenöl zusammen ins Hinterland. Die Fische waren eingesalzen, und die Vorliebe für Fisch in dieser Form hat sich bis heute erhalten. Den merluzzo – Kabeljau – gibt es heute zum Teil schon küchenfertig gewässert zu kaufen, und freitags sieht man die Hausfrauen an den Marktständen dafür anstehen. Für die mit der Materie weniger Vertrauten ist es wichtig, den Unterschied zwischen Stockfisch – stoccafisso – und Klippfisch – baccalà – kennenzulernen. Ersterer wird ohne vorheriges Einsalzen einfach getrocknet. Man muss ihn vor Gebrauch sehr lange wässern und die Fasern mürbe klopfen. Er gilt als die feinere Kabeljau-Variante und ist entsprechend teuer. Gebräuchlicher ist der baccalà, den man erst einsalzt und dann trocknet. In Claudias Rezepten wird durchwegs baccalà verwendet.

SALAME DI TONNO ALLA CONTADINA

Thunfischwurst nach bäuerlicher Art

«Piemontesische Bäuerinnen haben sich diese ungewöhnliche ‹Wurst› ausgedacht.»

FÜR 8 PERSONEN

250 g Thunfisch aus der Dose
3 Sardellenfilets
2 Eier
3 EL Brotbrösel
knapp ½ EL Kapern
1 Salzkartoffel
1 EL gehackte Petersilie
Salz und Pfeffer aus der Mühle

SAUCE:

2 EL gehackte Kapern
2 zerdrückte Sardellenfilets
1 gepresste Knoblauchzehe
2 EL Zitronensaft
5 EL Olivenöl extra vergine
Pfeffer aus der Mühle

Alle Zutaten hacken und zerdrücken, gut miteinander vermengen und abschmecken. Aus der Masse eine Wurst formen. Diese auf ein eingeöltes Stück Alufolie geben, die Folie aufrollen, gut verschliessen und eventuell noch in eine Stoffserviette einpacken. In einen Topf mit siedendem Wasser legen und 20 Minuten sachte kochen. Herausnehmen und eingepackt auskühlen lassen, dann in Scheiben schneiden.
Die Zutaten für die Sauce vermengen und mit dem Schneebesen sämig aufschlagen. Zur Thunfischwurst servieren und mit frischen Kräutern garnieren.

ACCIUGHE

Sardellen

«Wenn Sie bei uns auf dem Land einen Kühlschrank öffnen, entdecken Sie bestimmt einen Vorrat an Sardellen: Nach piemontesischer Art sind diese immer eingesalzen, so dass man sie zu Hause erst einmal gut spült und dann in kaltgepresstes Olivenöl einlegt. Ich wasche sie vor dem Einlegen noch gründlich in Essig, trockne sie sorgfältig ab und tauche sie dann in Olivenöl. Darin sollten sie mindestens ein paar Tage ‹reifen›. Zum Servieren lege ich sie gut abgetropft und entgrätet in einen tiefen Teller und giesse entweder von der *Bagnet rosso* (Seite 24) oder der weissen Haselnusssauce (Seite 28) darüber.»

FILETTO DI SALMERINO MARINATO ALLE ERBE

Mit Kräutern marinierter Saibling

«Ähnlich wie der Aal war auch der Bachsaibling früher ein typischer Fisch des Tanaro und Belbo. Heute ist er aus diesen Flüssen verschwunden, und wir sind auf die Zuchtanlagen angewiesen. Das folgende Rezept stützt sich noch auf die alte bäuerliche Konservierungsmethode.»

1 grosser Saibling oder eine Lachsforelle von ca. 1 kg
200 g Zucker
100 g Salz
2 EL gehackte Kräuter: Dill, Rosmarin, Petersilie, Schnittlauch, Melisse
6 zerdrückte Wacholderbeeren
300 ml Olivenöl extra vergine

Den Saibling filetieren und entgräten. Die Filets mit der Hautseite nach unten auf eine Platte legen und mit Zucker, Salz, Kräutern und Wacholder bestreuen. Zugedeckt etwa 24 Stunden kühl stellen, dann aus der Marinade nehmen. Die Marinade gut abstreifen, den Fisch abtrocknen und in das Olivenöl legen. Zum Servieren in hauchdünne Scheiben schneiden und auf Kräutern und Salatblättern anrichten. (Bild unten)

Antipasti caldi

Warme Vorspeisen

Zusammengenommen ergeben diese warmen Vorspeisen ein wahres Feuerwerk piemontesischer Geschmacksrichtungen. Manches ist herb, wie etwa die knackigen dunkelgrünen Spargel oder die Artischocken mit den spitzen, recht stacheligen Blättern. Anderes wirkt ganz zart und delikat, wie der Duft der frisch gepflückten Zucchini und ihrer Blüten oder die jungen Erbsen, die saftigen Lauchzwiebelchen in der *Ratatuia* aus Frühlingsgemüse. Es gibt Gerichte, die Sie mit ihren Aromen weit in die Landschaft der Nebel und solche, die Sie an die Herdfeuer der weisen Frauen und Grossmütter entführen. Heitere Gelassenheit liegt vielen ureinfachen Einfällen zugrunde: Sie entdecken sie spätestens dann, wenn Sie lustvoll in ein Hühnerflügelchen beissen.

Wie die Sardellen und die Kapern gehört der schwarze Pfeffer zu den traditionellen Gewürzen der piemontesischen Kuche. Neben dem brennendscharfen Geschmack besitzt er einen herben Duft nach Harz, der bei den Körnchen, die frisch aus der Mühle kommen, am intensivsten ist. Der piemontesische Gaumen liebt sie grob gemahlen, um sich beim Hineinbeissen immer wieder vom pfeffrigen Aroma überraschen zu lassen. Wer dies einmal beim Kalbfleischtatar, bei Spargel mit Fonduta und vielen anderen typisch piemontesischen Gerichten ausprobiert hat, wird begreifen, dass die Aufforderung in den Rezepten, Pfeffer aus der Mühle zu verwenden, keine leere Formel ist.

SOFFICE E PRIMAVERILE TARTRÀ D'ASPARAGI GUARNITA DI TARTUFO NERO

Zarter frühlingsleichter Flan mit Spargeln und schwarzer Trüffel

«Natürlich kann man diese *Tartrà* auch nur mit den Spargelspitzen servieren. Aber die Trüffel hat nun mal bei uns Tradition. Und die Sauce verbindet sich wunderbar mit den Aromen.»

1 Zwiebel
8 grüne Spargel
30 g Butter
2 Eier
200 ml Rahm
100 ml Milch
100 g frisch geriebener Parmesan
1 TL gehackter Rosmarin und Salbei
Salz, schwarzer Pfeffer aus der Mühle
frisch geriebene Muskatnuss

SAUCE:
200 ml Marsala
200 ml Weisswein
50 g eiskalte Butterstückchen
1 Sommertrüffel

Die Zwiebel fein hacken und die unteren Abschnitte der Spargel sehr klein würfeln. Beides in der Butter glasig dünsten. In einer Schüssel die Eier locker verquirlen, dann den Rahm, die Milch, den Käse, die Kräuter und Gewürze darunterschlagen. Den gedünsteten Spargel beifügen und alles gut vermengen. Die Masse in eingeölte Förmchen füllen und im Wasserbad in den vorgeheizten Ofen schieben. Etwa 50 Minuten bei 160 °C stocken lassen.
Für die Sauce den Marsala und den Weisswein zusammen aufkochen und zur Hälfte einreduzieren. Die eiskalten Butterstückchen einarbeiten, bis eine sämige Konsistenz erreicht ist.
Den Flan aus den Förmchen lösen und stürzen. Die Spargelspitzen in Olivenöl braten und dekorativ dazu anrichten. Die gereinigte Trüffel hobeln und den Flan damit garnieren. Die Sauce darübergiessen und die *Tartrà* warm servieren. (Bild rechts)

ASPARAGI ASPERSI DI BUONA FONDUTA PIEMONTESE

Spargel mit Fonduta

«Spargel sind bei uns immer grün, und sie sind dünn und herb im Geschmack. In den sandigen, leichten Böden des Roero, wo auch die Reben einen sehr fruchtigen Wein ergeben, fühlen sie sich besonders wohl.»

1 kg feine grüne Spargel
Salz

FONDUTA:
150 g Fontina-Käse
100 ml Milch
2 Eigelb
20 g Butter
Pfeffer aus der Mühle

Für die Fonduta den Käse in Streifen schneiden und eine gute Stunde in Milch einlegen.
Die Spargel waschen und die holzigen Enden abschneiden. Die Spargel in einem Topf mit Dampfeinsatz etwa 5 Minuten garen.
Den Käse mit der Milch unter Rühren im Wasserbad schmelzen. Unter ständigem Rühren nacheinander die beiden Eigelbe und die Butter dazugeben. Weiterrühren, bis eine glatte Creme entsteht. Diese mit Pfeffer abschmecken. Die abgetropften, heissen Spargel mit der Fonduta übergiessen.

Zusammen mit der weissen Trüffel gehört der Knoblauch zu den «anrüchigen» Würzen des Piemont. Eine Knolle pro Kopf ist bei einer Bagna càoda üblich, nach der – wie man sagt – die Savoyer Regentin Madama Reale Giovanna Battista von Nemours so süchtig gewesen sein soll, dass sie sich dieses Gericht überall und jederzeit servieren liess und – absichtlich oder nicht – mit seinem Duft die Nasen der Höflinge beleidigte. Auch in Claudias Küche hat der Knoblauch seinen festen Platz, doch mit Nuancen. Vom Frühling an bis zum beginnenden Sommer verwendet sie ausgiebigst die noch kaum entwickelten Knöllchen samt ihren grünen «Blättern». Sie gleichen dem asiatischen Schnittknoblauch und sind im Aroma sehr zart. Knoblauch, der später geerntet wird, wirkt dann ungleich stärker, was beim Nachkochen dieser Rezepte nicht ohne Bedeutung ist.

SOBRICH PIEMONTESE

Kartoffelküchlein

«Dieses Gericht hat einfache, bäuerliche Ursprünge. Die Küchlein kann man auch mit anderem Gemüse und anderen Kräutern zubereiten, je nach Jahreszeit und vorhandenen Zutaten. Sie schmecken sowohl zu einem Salat als auch als Beilage zu einem Braten.»

3 grosse neue Kartoffeln
1 Büschel Petersilie
3 winzige, junge Knoblauchknöllchen mit ihrem Grün oder 1–2 Knoblauchzehen
1 Büschel Basilikum
1 Ei
1 Handvoll frisch geriebener Parmesan
frisch geriebene Muskatnuss
Salz, schwarzer Pfeffer aus der Mühle
Olivenöl zum Backen

Die Kartoffeln dünn schälen und in Salzwasser weich kochen. Dann im Passiergerät pürieren und erkalten lassen. Die Petersilie hacken, den Knoblauch fein schneiden und die Basilikumblättchen mit den Fingern zerzupfen, damit sie nicht schwarz werden. Sämtliche Zutaten gut miteinander vermengen, bis ein lockerer Teig entsteht. Sollte er zu nass sein, fügt man noch etwas Brotbrösel bei; ist er zu trocken, kann etwas Milch zugegeben werden. Mit einem Löffel und den Handflächen runde Küchlein formen und flach drücken. In heissem Öl auf beiden Seiten knusprig backen und sofort servieren. (Bild links)

FUNGHI TRIFOLATI

Feine gebratene Pilzscheibchen

8 grosse Pilze, z.B. Rotkappen, Steinpilze, Maronenröhrlinge
2 EL Olivenöl extra vergine
1 Knoblauchzehe
2 Lorbeerblätter
Salz, schwarzer Pfeffer aus der Mühle
1 EL gehackte Petersilie

Die Pilze sorgfältig putzen und in möglichst dünne Scheiben schneiden. Das Öl nicht zu stark erhitzen und mit dem Knoblauch und den Lorbeerblättern aromatisieren. Die Pilze hineingeben und kurz, aber kräftig braten. Eine Prise Salz und etwas Pfeffer darüberstreuen und ganz am Schluss die Petersilie untermengen. Sehr heiss nach Belieben auf einem schönen Haselnuss- oder Weinblatt servieren. (Bild rechts)

Die Blüten der Zucchini haben einen ganz zarten Duft, der sie zu einer Delikatesse macht. Ihre Verwendung in der piemontesischen Küche geht auf die gehobene Gesellschaftsschicht zurück. Eine heute populäre Spezialität mit Zucchiniblüten erhielt den sonderbaren Namen Caponèt, was sich als «Kapaunchen» übersetzen lässt. Den Vergleich mit einem Kapaun – also einem kastrierten Hahn – erklären die Piemontesen dadurch, dass sie ursprünglich nur die unfruchtbaren männlichen Blüten abzwackten und zum Füllen verwendeten. Ebenso gut eignen sich dafür die Kürbisblüten, die mancherorts im Frühsommer die Gärten mit tropisch anmutendem Geranke überziehen. Aber es ist eine kurzlebige Pracht. Damit sich schliesslich daraus die Früchte, also die Kürbisse, entwickeln, werden die Blüten rigoros geschnitten.

ASPARAGI GRATINATI

Gratinierte Spargel

«Die Spargel werden wie beim Rezept auf Seite 64 gegart. Nun ein etwa walnussgrosses Stück Butter aufschäumen, in eine Gratinform giessen und darauf die gekochten, aber noch knackigen Spargel legen. Eine grosszügige Portion Parmesan reiben, darüberstreuen und – sozusagen als altes piemontesisches Parfüm – frischen schwarzen Pfeffer darübermahlen. Im Ofen bei 200 °C rund 10 Minuten gratinieren.»

RATATUIA DI FRESCHE VERDURE DELL'ORTO

Ratatuia aus frischem Gartengemüse

«Diese sehr typische *Ratatuia* passt gut zu frischen Nudeln oder als Beilage zu einem Fleischgericht. Je nach Jahreszeit variieren die Zutaten, und je nach Zutaten werden anstelle von Speck Sardellen verwendet. Letztere ergänzen zum Beispiel den Geschmack von Peperoni, Blumenkohl, Auberginen und Karden besonders gut.»

3 kleine Lauchzwiebeln
3 Zehen von noch ganz jungem Knoblauch
4 frisch gepflückte kleine Zucchini
50 g Bauchspeck
2 EL Olivenöl extra vergine
1 Handvoll noch sehr junge Puffbohnen
1 Handvoll gartenfrische Erbsen
2 EL gehackte Petersilie, Rosmarin, Majoran, Thymian, Oregano
100 ml Gemüsebrühe
8 Zucchiniblüten
2 EL eingemachte gekochte Tomatensauce (Seite 26)
10 Basilikumblättchen

Die Lauchzwiebeln und den Knoblauch hacken, die Zucchini in Scheibchen schneiden. Den Speck sehr fein würfeln und im Olivenöl anbraten. Dann die Gemüse und die gehackten Kräuter hinzufügen, unter lockerem Rühren durchdünsten und mit Gemüsebrühe ablöschen. Da sämtliche Zutaten jung und frisch sind, genügen zum Garen wenige Minuten. Vier von den Zucchiniblüten in Streifen schneiden und zusammen mit der Tomatensauce und den kleingezupften Basilikumblättchen kurz vor dem Servieren daruntermischen.

Zum Anrichten die restlichen vier Zucchiniblüten aufschneiden, die Stempel entfernen und die Blütenblätter fächerförmig ausbreiten. Die Ratatuia darauf anrichten. (Bild oben)

CARCIOFO ALLA PASTORA NEL SUO GUSTOSO NIDO DI PORRI

Auf Lauch gebettete Artischocken nach der Art unserer Hirten

«Das Gericht ist ausnehmend schön anzusehen, schmeckt wunderbar und macht ausserdem wenig Mühe!»

4 mittelgrosse italienische Artischocken mit Stiel
1 dicke Scheibe gekochte Salami
4 frische Majoranblättchen
100 g Ricotta
1 Eigelb
2 EL frisch geriebener Parmesan
Salz, Pfeffer aus der Mühle
4 Lauchstangen
Olivenöl extra vergine, möglichst mit Knoblauch und Rosmarin aromatisiert

Die Artischocken von den spröden Aussenblättern und Spitzen befreien, das Heu auskratzen. Die Stiele abschneiden und schälen. Die Artischocken und die Stiele in Zitronenwasser knackig weich garen. Die Stiele und die Salami grob hacken, die Majoranblättchen fein schneiden, dann mit dem Ricotta, dem Eigelb und dem Parmesan vermengen. Die Masse mit ein wenig Salz und Pfeffer abschmecken und in die Artischocken füllen. Diese nun in eine eingeölte Form stellen und im Ofen bei 200 °C etwa 10 Minuten überbräunen. Den Lauch in lange, sehr schmale Streifchen schneiden und im heissen, möglichst aromatisierten Öl fritieren. Dieses «Stroh» auf vorgewärmten Tellern wie ein Nest anrichten und die Artischocken darauf setzen. (Bild links)

CALDO COTECHINO IN BERLINA ALLA BORGHESE ANTICA

Wurst im Schlafrock nach alter bürgerlicher Art

«Wenn sich in unsicheren Zeiten bedeutende Männer tarnen wollten, stülpten sie ihre Hutkrempe nach unten, um nicht erkannt zu werden. Genau so versteckt sich bei diesem Rezept die Wurst unter dem Teig.»

4 kleine Cotechini (kleine, dicke Schweinskochwürste)
einige Gewürznelken und etwas Zimtrinde
200 g Blätterteig (Seite 37)
1 Eigelb

Die Würste mit den Gewürzen in kaltem Wasser aufsetzen und unter dem Siedepunkt ziehen lassen, bis sie gar sind. Im Wasser aus-

kühlen lassen, herausnehmen und die Haut abziehen.
Den Blätterteig dünn ausrollen, in vier Rechtecke schneiden, die Würste darauflegen und wie ein Bonbon in den Teig einschlagen. Mit Eigelb bestreichen, dann im Ofen bei 220 °C 10 Minuten backen. Zum Anrichten legt man die heissen, knusprigen Teigpäckchen auf ein dünnflüssiges Kartoffelpüree und bereichert das Ganze eventuell noch mit Scheibchen von schwarzem Trüffel.

CAPUNET O INVOLTINO DI FIORI DI ZUCCHINI

Päckchen aus Kürbisblüten

«Bei diesem sehr traditionellen piemontesischen Gericht gibt es für jede Jahreszeit eine andere Version: im Frühling besteht die Hülle aus jungen grünen Gemüseblättern, im Sommer aus Zucchiniblüten, im Herbst aus Mangold- und im Winter aus Kohlblättern. Die Variante mit den zarten Zucchiniblüten hat für mich immer noch etwas Besonderes.»

FÜLLUNG:
150 g Kalbfleisch
50 g grobe Bratwurstfüllung
Olivenöl extra vergine
1 gehackte Zwiebel
2–3 fein gehackte Knoblauchzehen
½ klein gewürfelte Karotte
2 klein gewürfelte Stengel Bleichsellerie
50 g Borretsch-, Spinat- oder Kohlblätter, blanchiert
1 Scheibe Weissbrot ohne Rinde, in Milch eingelegt
20 g frisch geriebener Parmesan
1 Ei
Salz, schwarzer Pfeffer aus der Mühle
frisch geriebene Muskatnuss
2 EL gehackte Kräuter: Rosmarin, Thymian, Lorbeer, Petersilie

8 Zucchiniblüten
1 Ei
Salz
1 TL gehackter Thymian
30 g frisch geriebener Parmesan
Olivenöl extra vergine
1 Knoblauchzehe
2 Rosmarinzweige

Das Fleisch für die Füllung würfeln und mit der Wurstmasse in Olivenöl anbraten. Zwiebel, Knoblauch, Karotte und Sellerie mitrösten, dann die blanchierten, abgetropften Gemüseblätter und das ausgedrückte Brot hinzufügen. Alles gut vermengen und durch den Fleischwolf drehen. Den Parmesan, das Ei, die Gewürze und am Schluss die Kräuter gut in die Masse einarbeiten, damit die Aromen sich verbinden. Nun die Zucchiniblüten vorsichtig öffnen und die Stempel herausschneiden. Mit Hilfe eines Dressiersacks mit der Masse füllen und die Blüten an den Spitzen wieder gut verschliessen. Das zweite Ei mit einer Prise Salz und dem Thymian verschlagen, die gefüllten Päckchen darin wenden und im geriebenen Parmesan rollen. In einer Bratpfanne Öl erhitzen, die Knoblauch-

zehe und die Rosmarinzweige darin sachte rösten, damit sie von ihrem Geschmack abgeben. Die gefüllten Zucchiniblüten hineingeben und rundherum langsam goldbraun braten. Herausnehmen und auf Haushaltspapier abtropfen lassen. Heiss mit einer leichten *Bagna câoda* (Seite 100) überziehen, die man nach Belieben mit etwas eingemachter Tomatensauce oder gehackten Nüssen ergänzen kann. (Bild links)

ALETTE DI POLLO AL TIMO

Hühnerflügelchen mit Thymian

«Wenn eine Familie auf dem Land dieses zwar einfache, aber ausnehmend köstliche Gericht zubereitet, entbrennt oft ein richtiger Streit darüber, wer sich zuerst einen dieser Knabberstengel erobert. Und die Grossen sind daran genauso beteiligt.»

16 Hühnerflügel
1 Eiweiss
1 EL Thymianblättchen
Salz und Pfeffer aus der Mühle
2 EL Brotbrösel
Olivenöl extra vergine

Federchen und eventuell vorhandene Kiele von den Hühnerflügeln gründlich entfernen. Die Flügelspitze abschneiden, das Fleisch längs des Knochens bis zur Gelenkkugel lösen und päckchenförmig darüberstülpen. Das Eiweiss ein wenig verschlagen und würzen, dann die Hühnerflügelchen erst darin und danach in den Brotbröseln wenden. In einer tiefen Bratpfanne in heissem Olivenöl knusprig ausbacken. Dazu passt sehr gut die eingemachte gekochte Tomatensauce (Seite 26). (Bild oben)

Una bella manciata – eine gute Handvoll – ist nicht nur eine Mengenangabe, sondern der Ausdruck eines Lebensgefühls: dieses Schöpfen aus einer Fülle von Kräutern, und zwar so, dass der Anblick allein schon Freude macht. Wichtiger als das genaue Abzählen der Würzpflänzchen ist die Eingebung des Augenblicks – und darüber verfügen die piemontesischen Köchinnen, die ihr Handwerk von ihren Müttern gelernt haben, mit sicherem Gefühl.
Herb, ja fast abweisend wirken die Aromen von Salbei und Rosmarin, aber gerade sie runden eine Tartrà, den Tonno di coniglio und andere typisch piemontesische Gerichte perfekt ab. Ihre Verwendung hat meist bäuerliche Wurzeln, und urtümlich wild wachsen die Kräuterbüsche noch immer um das zerfallene Gemäuer einsamer Höfe. Unkrautähnlich breiten sich auch Melisse und verschiedene Minzenarten aus und deuten auf ein sarazenisches Erbe hin. Es verlangt etwas Fingerspitzengefühl, wenn die recht unterschiedlichen Kräuter gemischt werden. Estragon etwa und Basilikum verbinden sich ungern miteinander, während Majoran und Thymian sich gegenseitig stützen. Die Petersilie hingegen ist so sensibel, dass Claudia sie stets frisch gehackt und im letzten Augenblick unter die anderen Zutaten mengt.

Zuppe

Suppen

Lassen Sie sich von den vielen Ausdrücken für Suppe – *Zuppa, Minestra, Minestrone* oder *Brodo* – nicht abschrecken! Theoretisch könnten Sie zwar davon ausgehen, dass sich eine *Zuppa* immer irgendwie aus Brot und Brühe zusammensetzt, während in einer *Minestrone* irgendwelche Hülsenfrüchte quellen. Aber solche Regeln gelten nur begrenzt, was Sie jedoch nicht davon abhalten sollte, Ihren Löffel voller Genuss in die grüne Gemüsesuppe mit verschiedenen Kräutern oder im Herbst in die sonnengelbe Lauch- und Kürbissuppe mit den Schnittchen aus gebratenem Kalbsbries zu tauchen. Dabei degustieren Sie auch einen Löffelvoll piemontesischer Geschichte: einerseits die Trüffelscheibchen unter dem Teighäubchen der *Piccola marmitta nobile,* andererseits das «sanfte Süppchen» der Bauern, die *Supa mitunà.*

Wenn man auf piemontesischen Landwegen spaziert, kann man schwer der Lust widerstehen, an Blättchen oder Blüten zu zupfen, um zur Kostprobe daran zu riechen. Kaskaden von wild wachsenden Kapernsträuchern werfen sich über aufgeschichtete Steinmäuerchen, Hopfenranken umschlingen Fenchelstauden, und das Gelb von blühendem Senf wetteifert mit dem Rot der Mohnblumen.
Man begreift, warum sich in dieser Landschaft so manches alte Kräuterrezept erhalten hat.

MINESTRONE DI CECI E DI COSTINE DI MAIALE

Kichererbsensuppe mit Schweinerippchen

«In den Langhe kommt dieses Gericht traditionellerweise an Allerseelen auf den Tisch. Gut schmeckt es aber auch an jedem anderen Wintertag, wenn der Schnee die Erde bedeckt. Die Kichererbsen sind dann schon lange geerntet und wurden, in Bündeln aufgehängt, an der Sonne getrocknet. Danach hat man sie gedroschen, verlesen und gewaschen.»

500 g Kichererbsen
Salz
1 Zwiebel
Olivenöl extra vergine
1 Handvoll Petersilie, gehackt
1 Handvoll getrocknete Pilze, gewaschen und zerkleinert
1 EL eingemachte rohe Tomatensauce (Seite 28)
800 g Schweinerippchen
4 Kartoffeln, geschält
Zum Servieren: geriebener Parmesan und geröstete Brotscheiben

Am Vorabend die Kichererbsen in 4 Liter lauwarmem, gesalzenem Wasser einweichen. Am nächsten Tag in demselben Wasser aufkochen und etwa ½ Stunde halbweich garen. Die Zwiebel fein schneiden und in Olivenöl glasig dünsten. Die Petersilie und die Pilze zusammen mit der Tomatensauce daruntermischen. Nun diese Mischung zu den Kichererbsen in den Topf geben und bei Bedarf noch etwas Wasser hinzugiessen. Dann die Schweinerippchen und die Kartoffeln hineinlegen. Ungefähr 2 weitere Stunden köcheln lassen, bis die Kichererbsen ganz zart und die Kartoffeln zerfallen sind. Sehr heiss auf den Tisch bringen und dazu Parmesan und geröstete Brotscheiben reichen.

LA MINESTRA DEL BATE 'L GRAN

Korndreschersuppe

«Für die Korndrescher, die in Staub und Hitze arbeiteten, war diese Kraftbrühe das grundlegende flüssige Nahrungsmittel. Auch für uns ist sie an heissen Tagen eine köstliche, belebende Stärkung.»

2 junge, frische Knoblauchzehen
1 Lauchzwiebel
2 EL gehackte frische Kräuter: Rosmarin, Majoran, Salbei und Thymian
4 EL Olivenöl extra vergine
2 Geflügellebern
1 Kaninchenleber
150 g gehacktes Rindfleisch
1 Tasse eingemachte gekochte Tomatensauce (Seite 26)
Salz
0,8 l kräftige klare Rinderbrühe (aus Fleisch, Ochsenschwanz und Knochen)
schwarzer Pfeffer aus der Mühle
80 g frische Nudeln, mundgerecht zerkleinert
1 Tasse frisch geriebener Parmesan

Den Knoblauch und die Lauchzwiebel fein schneiden und mit den Kräutern im Olivenöl andünsten. Die Geflügel- und Kaninchenlebern grob hacken und beifügen. Dann das Rindfleisch hineingeben und alles unter Rühren durchbraten. Mit der Tomatensauce ablöschen und leicht salzen. Die klare Rinderbrühe zum Sieden bringen und den Fleischsugo dazugeben. Nur wenige Minuten köcheln lassen, dann abschmecken, die Nudelstücke beigeben und mitgaren. Unmittelbar vor dem Servieren den geriebenen Parmesan daruntermengen.
(Bild rechts)

Wie der Safran wurde vermutlich auch der Borretsch in Europa zuerst von den Arabern in Spanien kultiviert. Es war die Schönheit der himmelblauen Blütensterne, welche die Europäer verführte – und sie tut es immer noch. Die rauhhaarigen Blätter des Borretsch haben einen würzigen, gurkenähnlichen Geschmack, der vielen sommerlichen Salatmischungen, Suppen und Kräutersaucen guttut. Auf den ungedüngten Wiesen der Langhe, zwischen Rebstöcken und längs der Bäche gedeiht die Pflanze oft verwildert, oder sie wächst ungehindert in einer Gartenecke, mit anderen vermeintlichen «Unkräutern» wie Brennnesseln, Minze oder Kapuzinerkresse zusammen, die alle die Phantasie der findigen Köchin anregen.

PICCOLA MARMITTA NOBILE

Ein Suppentöpfchen aus aristokratischem Haus

«Dieses Süppchen verführt jeden mit seinem vollendeten Geschmack.»

FÜR 1 PERSON

100 ml Kraftbrühe
1 TL gehackte Petersilie, Salbei und Basilikum
10 g gehobelte schwarze Trüffel
1 EL frisch geriebener Parmesan
1 EL eingemachte gekochte Tomatensauce (Seite 26)
Eigelb zum Bepinseln
1 Blatt Blätterteig, im Durchmesser etwas grösser als die Suppentasse

Ein ofenfestes Suppentöpfchen bis 2 cm unter den Rand mit der Brühe füllen, dann die Kräuter, die Trüffelscheibchen, den Parmesan und die Tomatensauce hinzufügen. Den Rand des Töpfchens mit etwas Eigelb bestreichen, das Teigblatt wie einen Deckel darüberlegen und den überstehenden Rand gut andrücken. Die Oberfläche mit Eigelb bepinseln und die *Marmitta* im Ofen bei 200 °C rund 20 Minuten backen. (Bild unten)

«SUPA MITUNÀ» – ZUPPA COTTA ADAGIO ADAGIO

Das sanfte Süppchen

«Diese Suppe ist ein Gericht aus der armen, bäuerlichen Küche. Aber wenn es draussen friert, wärmt sie einen bis in die Seele.»

400 g altbackenes Brot, in fingerdicke Scheiben geschnitten
1 Knoblauchzehe
30 g Butter
1 Zwiebel, in Scheibchen geschnitten
1 Zweig Rosmarin
5 Salbeiblätter
100 ml eingemachte gekochte Tomatensauce (Seite 26)
1 l Fleischbrühe
1 Tasse frisch geriebener Parmesan

Die Brotscheiben mit der Knoblauchzehe einreiben und in der Butter rösten. Herausnehmen und zur Seite stellen, dann in der gleichen Pfanne die Zwiebelringe goldbraun braten, die Kräuter untermengen und mit der Tomatensauce ablöschen. Die Brotschnitten hineinlegen, mit der Brühe aufgiessen und ½ Stunde sehr sanft – *mitunè* – köcheln, so dass sich alles homogen verbindet. Vor dem Servieren abschmecken und grosszügig mit Parmesan bestreuen. (Bild oben)

La zuppa della regina

Die Suppe der Königin

«Diese Rezeptversion ist aus Turiner Adelskreisen überliefert. Die Suppe kannte man am Hof schon seit Renaissancezeiten, und ohne grosse Änderungen schmeckt sie auch heute noch immer königlich.»

Für 8 Personen

1 Bund Suppengrün (Bouquet garni) für den Sud
1 schönes, kräftiges Huhn
500 g Spinat
500 g Borretsch
500 g Kartoffeln
2 Knoblauchzehen
3 Zwiebeln
Olivenöl extra vergine
1 Zweig Rosmarin
Salz, Pfeffer aus der Mühle
2 EL fein geschnittener Schnittlauch und gehackte Melisse
1 Handvoll frisch geriebener Parmesan

Aus 4 Litern Wasser und dem Suppengrün einen Sud bereiten. Das ausgenommene und gewaschene Huhn hineingeben, auf sanftem Feuer weich garen, dann herausnehmen und etwas auskühlen lassen. In der Zwischenzeit die Spinat- und Borretschblätter waschen und gut abtropfen lassen, die Kartoffeln schälen und klein würfeln, den Knoblauch und die Zwiebeln fein schneiden. Etwas Olivenöl erhitzen und den Knoblauch, die Zwiebeln und den Rosmarin darin anziehen lassen. Die Kartoffelwürfelchen beigeben und andünsten, die Spinat- und Borretschblätter hinzufügen und zusammenfallen lassen. Mit der entfetteten Hühnerbrühe ablöschen und salzen, dann ganz sachte köcheln lassen und, wenn alles gar ist, im Mixer pürieren.

Vom Huhn die Haut abziehen, das Fleisch von den Knochen lösen und in mundgerechte Stücke schneiden. Diese in die vorbereitete Suppe geben und die Flüssigkeit bei Bedarf noch etwas einkochen lassen oder mit mehr Brühe verdünnen. Mit Salz und Pfeffer abschmecken und kurz vor dem Anrichten die gehackten Kräuter, ein paar Tropfen feinstes Olivenöl und den Parmesan untermengen.

Lauch gilt als «Spargel des armen Mannes» und ist aus der ländlichen Küche des Piemont nicht wegzudenken. Wie an der Zwiebel und dem Knoblauch haftet auch an diesen Stangen der Glaube an eine reinigende, ja aphrodisische Wirkung. Sobald der Frühling sich dem Sommer zuneigt, füllen die Gemüsemärkte sich mit den Bündeln junger Setzlinge und mit ihrem unverkennbarem Duft. Solange der Lauch noch jung ist, wird er gern als appetitanregende Rohkost zubereitet, später im Herbst dann wird er für Suppen und Aufläufe verwendet. Im Winter bringt man die Stengel samt ihren Knollen in den Keller und deckt sie mit Erde oder Sand zu, damit sie möglichst lange, bis weit in den Frühling hinein, knackig bleiben.

ZUPPA RICCA DI PORRI E ZUCCA

Opulente Lauch Kürbis Suppe

«Ganz nach Lust kann man zu dieser Suppe geröstete Brotscheiben servieren. Weitere Ergänzungen braucht sie nicht. Sie schmeckt einfach gut, und ihre sonnengelbe Farbe macht sie wunderschön.»

FÜR 6 PERSONEN

1 kg Lauch
1 kg Riesenkürbis
1–1½ l Milch
1 Prise Zucker
400 g Kalbsbries
Mehl zum Bestäuben
30 g Butter
Salz, schwarzer Pfeffer aus der Mühle
1 EL gehackte Petersilie
Olivenöl extra vergine

Den Lauch gut waschen, den Kürbis schälen und beides in Stücke schneiden. In 1 Liter Milch mit einer Prise Zucker sehr sanft köcheln lassen. Sobald das Gemüse weich ist, im Mixer pürieren und bei Bedarf mit noch etwas Milch verdünnen. Das Kalbsbries in Salzwasser blanchieren, dann häuten und allfällige Sehnen entfernen. Je nach Grösse und Form in Scheiben schneiden, leicht mit Mehl bestäuben und in der Butter goldbraun braten. Auf Haushaltspapier abtropfen lassen. Die Suppe kräftig abschmecken und über die Kalbsbriesstücke in eine vorgewärmte Terrine giessen. Vor dem Servieren gehackte Petersilie darüberstreuen und ein paar Tropfen Olivenöl beigeben.

ZUPPA DI TRIPPA

Kuttelsuppe

«Es ist ein Gericht für Leckermäuler, obwohl es aus simpelsten Zutaten besteht, die vielfach gar keinen Gefallen mehr finden. Traditionell kochen wir diese Kutteln in einem Tongeschirr und bringen sie auch darin zu Tisch. Und weil sie aufgewärmt noch besser schmecken, kochen wir gern gleich eine grössere Menge. Aus dem Grund habe ich hier die Zutaten für acht Personen berechnet.»

FÜR 8 PERSONEN

1 Stengel Bleichsellerie
1 Zweig Rosmarin
3 grosse Zwiebeln
50 g Butter
50 ml Olivenöl extra vergine
500–600 g Kuttelstreifen, vom Metzger küchenfertig vorbereitet
Salz, schwarzer Pfeffer aus der Mühle
4 l Wasser
3 mittelgrosse Kartoffeln, geschält
1 EL eingemachte rohe Tomatensauce (Seite 28)
sehr reifer, frisch geriebener Parmesan

Bleichsellerie und Rosmarin fein hacken, die Zwiebeln in Scheibchen schneiden und alles zusammen in Butter und Öl andünsten. Sobald die Zwiebeln etwas Farbe angenommen haben, die Kutteln hinzufügen und alles gut vermengen, damit die Aromen sich verbinden, dann abschmecken. In einem Topf das Wasser zum Sieden bringen und salzen. Nun die Kutteln, die Kartoffeln und die Tomatensauce hineingeben und ungefähr 1 Stunde sanft köcheln lassen. Sobald die Kartoffeln gar sind, diese herausnehmen, mit einem Stössel oder einer Gabel zerdrücken und locker unter die Suppe mischen. Diese in tiefe Teller anrichten, Pfeffer frisch darübermahlen und den Parmesan dazu servieren.

ZUPPA DI VERDURE DI CAMPO

Grüne Frühlingssuppe

«Es ist bei uns üblich, dass wir beim Spazieren durch die Wiesen nach Kräutern suchen, um dann daraus diese Suppe zuzubereiten. Besonders der Klatschmohn gibt ihr ein höchst eigenwilliges Aroma.»

FÜR 8 PERSONEN

200 g Kartoffeln
100 g grüner Lauch
100 g kleine Zucchini
2 mittelgrosse Artischocken
100 g Spinat
100 g Lattich (römischer Salat)
100 g Gartenerbsen
100 g frische Puffbohnen
100 g frische weisse Böhnchen
100 g Suppenkräuter
200 g junge, zarte Klatschmohnblätter (nicht die Blüten!)
2 junge Knoblauchknöllchen mit ihrem Grün oder 2 Zehen von möglichst jungem Knoblauch
100 g grüne Spargelspitzen
1 Bund Petersilie
2 Lorbeerblätter
2 Rosmarinzweige
4 l Wasser
Salz
5 Basilikumblätter
Olivenöl extra vergine

Die Kartoffeln schälen und würfeln, den Lauch und die Zucchini ebenfalls nach Belieben zerkleinern. Die spröden Blätter und Spitzen der Artischocken abschneiden und das Heu auskratzen. Das übrige Gemüse und die Kräuter gut waschen. In einem grossen Topf das Wasser zum Sieden bringen und salzen. Sämtliche Zutaten ausser dem Basilikum und dem Olivenöl hineingeben und auf sanftem Feuer gemächlich garen. Die Suppe pürieren, so dass sie eine schöne, cremige Konsistenz erhält. Den Basilikum in schmale Streifchen schneiden und beifügen, unmittelbar vor dem Schöpfen noch ein paar Tropfen Olivenöl untermengen.
(Bild rechts)

Primi piatti

Erster Hauptgang

Eine Köchin am Lago Maggiore oder im Aostatal oder in der Ebene von Vercelli würde Ihnen das Piemont mit anderen Gerichten vorstellen. Bei den *Primi,* dem ersten Hauptgang, könnte dann vielleicht der Reis ein grösseres Gewicht haben, während die Teigwaren als für die Gegend untypisch gelten würden. Die hauchdünnen *Agnolotti* mit dem berühmten «*Plin*» oder die *Tajarin* aus einem eidottergelben Nudelteig und so schmal geschnitten, dass sie feinstem Engelhaar gleichen, gehören nun einmal in die Langhe, in eine Gegend, mit der schliesslich die Küche des La Contea verwurzelt ist.

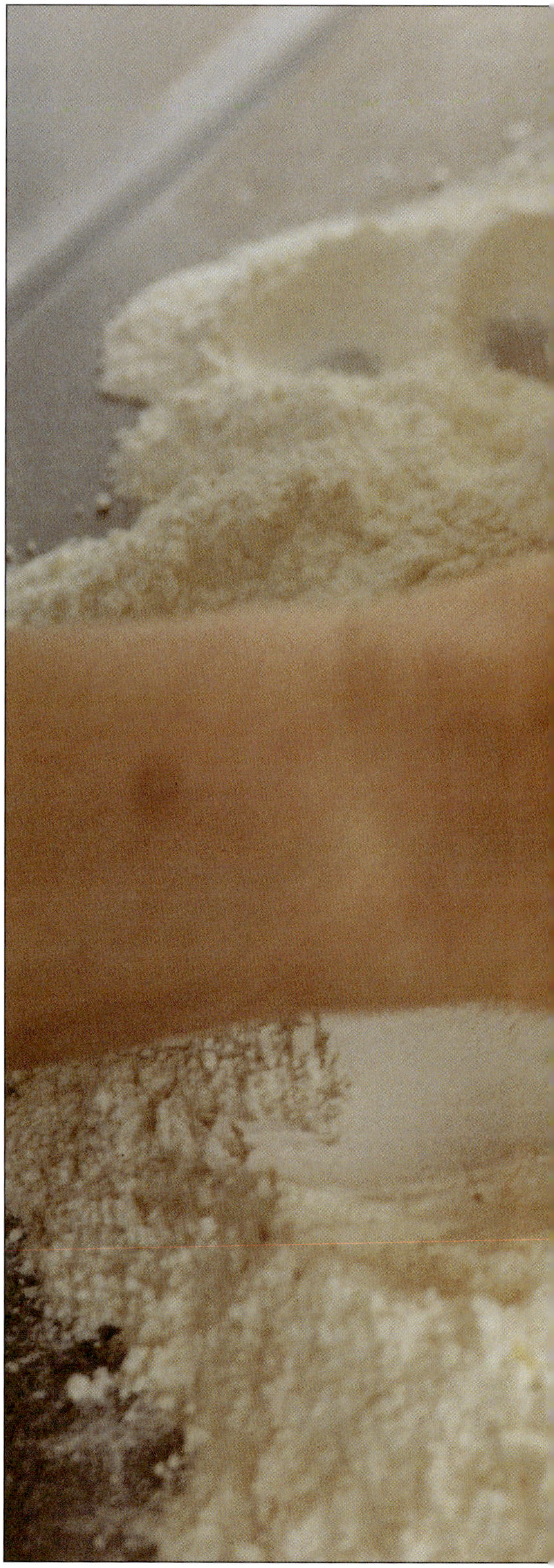

Agnolotti, die anderswo Ravioli heissen, sind das Meisterstück der piemontesischen Köchinnen. Die Kompositionen der verschiedenen möglichst würzigen Füllungen überbieten sich gegenseitig, der Teig ist wie feinstes Seidengewebe, und die Sauce beherrscht die Regeln der raffiniertesten Zurückhaltung.

AGNOLOTTINI RIPIENI DI CARNE E VERDURE AL SUGO D'ARROSTO

Agnolottini mit Fleisch-Gemüse-Füllung an Bratensauce

«Nach klassischer Art werden *Agnolottini* in Bratensauce geschwenkt. Sie schmecken aber auch sehr gut mit zerlassener Salbeibutter. Auf eine weitere Idee kamen unsere Grossmütter, die aus den Teigtäschchen kleine Häppchen für den Aperitivo zubereiteten. Sie nannten sie *Marsaiot,* was ungefähr Märzenlaune bedeutet. Wenn Ihnen die Laune also danach steht, nehmen Sie einige ungekochte *Agnolottini,* und rösten Sie sie beidseitig auf der heissen Herdplatte oder in einer schweren Bratpfanne. Zum Servieren hüllen Sie sie in eine Leinenserviette, damit sie schön warm bleiben.»

FÜR 8 PERSONEN

FÜLLUNG:
4 zerdrückte Knoblauchzehen
1 grosse, fein geschnittene Zwiebel
1 EL gehackte frische Kräuter wie Lorbeer, Petersilie, Rosmarin, Basilikum
Olivenöl extra vergine
500 g klein gewürfeltes Kalbfleisch
300 g klein gewürfeltes Schweinefleisch oder Bratwurstmasse
1 Handvoll Mangold-, Spinat- oder Borretschblätter, blanchiert
Salz
1 Ei
1 Tasse frisch geriebener Parmesan
frisch geriebene Muskatnuss

1 kg Nudelteig (Seite 36)

SAUCE:
Fleischbrühe und ein Stück kalte Butter

Den Knoblauch, die Zwiebel und die Kräuter im heissen Olivenöl anziehen lassen, das Fleisch hinzugeben und mitbraten, dann die blanchierten Mangoldblätter untermengen und die Füllung salzen. Das Ganze etwas abkühlen lassen, dann durch den Fleischwolf drehen und mit dem Ei, dem Parmesan und geriebener Muskatnuss gut vermischen.
Den Teig in etwa 7 Zentimeter breite hauchdünne Bahnen ausrollen und mit dem Spritzsack nussgrosse Häufchen Füllung darauf verteilen. Die Abstände so bemessen, dass beidseitig genügend Rand zum Verschliessen bleibt. Die Teigbahnen von der Längsseite her übereinanderschlagen und jeweils zwischen der Füllung und entlang des Randes gut festdrücken. Mit einem Teigrädchen in den Zwischenräumen durchtrennen. Die *Agnolottini* in Salzwasser rund 4 Minuten kochen, dann abgiessen.
Für die Sauce löscht man den Bratensatz, der sich nach der Zubereitung der Fleischfüllung ergeben hat, mit Fleischbrühe ab, ergänzt vielleicht noch mit kräftigem Fond und arbeitet zuletzt kalte Butterflöckchen ein.

AGNOLOTTI VERDI RIPIENI DI FONDUTA

Grüne Agnolotti mit Käsefüllung

«Im Piemont gibt es viele verschiedene Arten zum Verschliessen der Teigtäschchen. In meiner Gegend schliesst man sie mit dem sogenannten *Plin,* also einem gewissen Kniff. Der besteht in einer Drehung an den Schmalseiten der Teigtäschchen, wie man sie etwa von den *Farfalline,* einer anderen Teigwarenform, her kennt.»

300 g Weissmehl
1 Ei
1 Handvoll Spinat- oder Brennesselblätter, blanchiert und fein gehackt

FÜLLUNG:
150 g Fontina-Käse aus dem Aostatal
75 ml Milch
2 Eigelb
30 g Butter

Claudias berühmteste Nudeln sind die leuchtendgelben, schmalen, handgeschnittenen Tajarin aus einem Teig mit 30 Eigelb (!) auf 1 kg Weizenmehl. Verführerisch schmecken sie in Verbindung mit weisser Trüffel – und da beide zu den aussergewöhnlichen Genüssen zählen, sollte man sich dieser Sünde von Zeit zu Zeit hingeben.

Das Mehl auf ein Brett geben und eine Vertiefung bilden. Das Ei und den Spinat hineingeben, alles locker vermischen und zu einem geschmeidigen Teig kneten. Mindestens ½ Stunde zugedeckt ruhen lassen.
Den Käse grob raspeln und kurz in der Milch einlegen. Die leicht verquirlten Eigelbe und die Butter hinzufügen, und alles unter Rühren im Wasserbad erwärmen. Sobald der Käse geschmolzen ist und keine Fäden mehr zieht, vom Feuer nehmen und die Masse erkalten lassen.
Den Teig in hauchdünne rund 7 cm breite Bahnen ausrollen und kleine Portionen der Käsemasse im Abstand von jeweils etwa 4 cm darauf verteilen. Die Teigbahnen von der Längsseite her darüberschlagen, jeweils zwischen der Füllung und an den Rändern fest aufeinanderdrücken und mit einem Teigrädchen in den Zwischenräumen durchtrennen. Die *Agnolotti* in reichlich siedendes Salzwasser geben und 3 bis 4 Minuten kochen, dann abgiessen. Am besten schmecken sie in Salbeibutter geschwenkt oder auf cremiger, warmer *Fonduta* (Seite 32) angerichtet.

LASAGNETTE AL TUORLO AI FUNGHI

Eiernudeln mit Pilzen

«Die Aromen der verschiedenen Zutaten – frische Eiernudeln, Pilze, Olivenöl, schwarzer Pfeffer – machen dieses Gericht unvergesslich. Fast scheint man noch den würzigen Geruch des Waldbodens zu erahnen.»

500 g frischer Nudelteig (Seite 36)
etwas feiner Maisgriess

SAUCE:
200 g Pilze, z.B. Pfifferlinge, Stein- und Austernpilze
Olivenöl extra vergine
1 geschälte Knoblauchzehe
3 Lorbeerblätter
Salz
1 EL gehackte Petersilie
2 EL eingemachte gekochte Tomatensauce (Seite 26)
schwarzer Pfeffer aus der Mühle

Den Nudelteig dünn auswalzen, mit feinem Maisgriess leicht bestreuen, aufrollen und in fingerbreite Streifen schneiden.
Die Pilze säubern und eventuell unter fliessendem Wasser abbürsten, jedoch ohne dass sie sich mit Wasser vollsaugen. Unbedingt gut abtrocknen, dann in kleine Stücke schneiden. In heissem Olivenöl die Knoblauchzehe und die Lorbeerblätter leicht anrösten, die Pilze hinzufügen und höchstens 3 Minuten scharf anbraten. Salzen, dann die Petersilie und die Tomatensauce daruntermischen.
Die Nudeln in kochendem Salzwasser *al dente* garen und abgetropft zur Sauce geben. Den Knoblauch aus der Pilzmischung entfernen, alles gut vermengen und sehr heiss servieren. Statt Parmesan frisch gemahlenen schwarzen Pfeffer darüberstreuen.

FARFALLINE AL TUORLO ALLA CAVOUR

Farfalline nach der Art des Grafen Cavour

«Der grosse Staatsmann Cavour war ein Liebhaber von Innereien. Deshalb ist dieses Gericht zu seinen Ehren entstanden.»

500 g frischer Nudelteig (Seite 36)

SAUCE:
allerlei Hühnerklein wie Nierchen, Herzchen, Mägen sowie etwas Kaninchenleber
4 Hahnenkämme
4 Kehllappen
1 Knoblauchzehe
½ Zwiebel
2 Rosmarinzweige
2 Thymianzweige
5 Petersilienzweige
Olivenöl extra vergine
200 g gehacktes Kalbfleisch
Salz und frisch gemahlener Pfeffer
2 EL eingemachte gekochte Tomatensauce (Seite 26)

Den Nudelteig dünn ausrollen und mit dem gezackten Teigrädchen kleine Rechtecke von etwa 2×4 cm ausschneiden. Jedes Rechteck in der Mitte zusammendrücken und mit den Fingern kleine Schmetterlinge – also *farfalline* – formen. Auf einer bemehlten Fläche etwas trocknen lassen.
Für die Sauce erst die sauber geputzten Hühnermägen in Salzwasser weich kochen und dann sehr klein würfeln. Die Hahnenkämme und Kehllappen blanchieren, die Nierchen, Herzchen und die Leber fein würfeln, den Knoblauch, die Zwiebel sowie sämtliche Kräuter hacken. In einer Bratpfanne etwas Olivenöl erhitzen und sämtliche Zutaten unter Rühren und Wenden zügig braten. Mit Salz und Pfeffer würzen und die Tomatensauce untermengen.
Die *Farfalline* in kochendem Salzwasser *al dente* garen und abgetropft zu der Fleischsauce in die Bratpfanne geben, alles gut mischen, dann auf heissen Tellern möglichst wirkungsvoll mit den schönen Hahnenkämmen anrichten.

Graf Camillo Benso di Cavour (1810–1861) ist der Hauptakteur des geeinten Italien. Nach ihm wurden nicht nur Strassen und Plätze benannt, sondern auch eine Reihe von Gerichten, bei denen Kalbsgekröse, Hühnerklein und Hahnenkämme mit im Spiel sind. Die Vorliebe für diese zartfleischigen Delikatessen hat der Graf jedoch mit vielen anderen seines Standes geteilt. Katharina von Medici zum Beispiel brachte sie schon rund dreihundert Jahre früher am französischen Hof in Mode, wo sie den koketten Namen «die Glückseligen» – les béatilles – erhielten. Galante Rücksicht lässt man bis heute walten, wenn Hoden unter den Zutaten sind: sie gelten dann schlicht als «äussere Nieren».

Luciana, Hirtin in der abgeschiedenen Landschaft der Alta Langa, wacht über eine grosse Schafherde, etliche Ziegen und ein paar Kühe. Die Milch verarbeitet sie in der eigenen, winzigen Käserei zu kleinen *Formaggi,* die man als Toma oder Robiola bezeichnet. Wie ihre Grossmutter und eine ihrer Tanten, von denen sie diese Kunstfertigkeit erlernte, macht sie alles von Hand: das Melken, das Ausschöpfen in die kleinen Formen, das Wenden und Salzen der Laibchen, und nicht zuletzt die Kontrolle der Reifung. Einmal wöchentlich, wenn die Palette von zartmilchigen bis schon würzigen Käslein gross genug ist, fährt sie nach Alba in die Stadt oder nach Neive zu Claudia und Tonino, wo die Kenner solcher Spezialitäten auf sie warten.

Die cremigen, runden Laibchen, wie Luciana sie produziert, sind der populärste Frischkäse des Piemont. Früher bestanden sie aus reiner Schafs- oder Ziegenmilch, heute mischt man sie mit Kuhmilch. Die Robiole von Raccaverano und Murazzano tragen sogar die Herkunftsbezeichnung DOC, das heisst, ihre Herstellung untersteht gesetzlich festgelegten Bestimmungen.

Noch sieben weitere Käse des Piemont sind auf diese Art klassifiziert, wie etwa der leicht pikante Castelmagno aus der Provinz Cuneo – für Kenner ein König unter den Käsen! – oder der Fontina Valdostana. Dieser ist ein typischer Alpkäse aus den Weidegebieten des Aostatals und muss laut DOC-Reglement aus der Rohmilch der dortigen Kühe bestehen. In der *Fonduta,* der piemontesischen Version des Fondues, kommt sein Aroma am besten zur Geltung. Fast ein Kuriosum ist der *Brus,* ein mit Grappa fermentierter Käse, der so scharf ist, dass man ihn am besten nur fein dosiert und zusammen mit etwas Obst als Nachspeise geniesst.

Schon seit der Antike wuchs in Italien der Safran wild, doch waren es die Araber, die ihn als erste in Europa kultivierten. Von Spanien aus gelangten die Samen auch ins Piemont, wo sie auf den Wiesen des Monferrato gut gediehen. Dennoch hat die regionale Küche dieses Gewürz nie übernommen, und der Anbau gehört der Vergangenheit an.

CARBONARA MONFERRINA

Carbonara-Nudeln nach der Art des Monferrato

«Diese Zubereitungsart wurde bei uns zur Tradition, nachdem Garibaldi in Marsala gelandet war und sich die Lebensgewohnheiten des Südens mit den unseren verbanden. Die zarten grünen Gemüsestückchen verfeinern die herkömmliche Carbonarasauce auf höchst raffinierte Art.»

SAUCE:
50 g fein gehackter Bauchspeck
2 gehackte Knoblauchzehen
20 grüne Spargelspitzen, kurz blanchiert
1 EL Weisswein
2 Eigelb
50 ml Rahm
1 EL frisch geriebener Parmesan
Salz, schwarzer Pfeffer aus der Mühle

500 g frische Eiernudeln (Seite 36, 85)

Den Bauchspeck glasig braten, dann den Knoblauch und die blanchierten Spargelspitzen darin wenden, etwas anziehen lassen und mit Weisswein ablöschen. In einer Schüssel die Eigelbe mit dem Rahm verquirlen, den Käse unterziehen und abschmecken. Die Nudeln in kochendem Salzwasser *al dente* garen, abgetropft zu den Spargeln in die Pfanne geben und darin schwenken, dann die Ei-Rahm-Masse darübergiessen und alles gut miteinander vermengen. Sobald die Eier zu stocken beginnen, heiss servieren. (Bild rechts)

MALTAGLIATE AI PROFUMI DELL'ORTO

Handgeschnittene Nudeln mit frischen Gartenkräutern und Tomaten

«*Maltagliate* – der Name sagt es bereits – sind eigentlich die Abschnitte, die sich zwangsläufig ergeben, wenn man Pasta macht. Der Teig ist denn auch dicker als bei den ausgewalzten Nudeln, passt aber wunderbar zu der Sauce, die so herrlich nach frisch geernteten Gartenkräutern und Tomaten schmeckt.»

500 g frischer Nudelteig (Seite 36)

SAUCE:
4 grosse, sonnengereifte Tomaten
½ Zwiebel
1 Knoblauchzehe
2 EL frische, gehackte Kräuter: Petersilie, Rosmarin, Salbei, Thymian und Minze
Olivenöl extra vergine
Salz und Pfeffer aus der Mühle

Den Nudelteig etwas dicker auswalzen als gewöhnlich und aufrollen. Mit einem scharfen Messer unregelmässige Streifen oder Fetzchen abschneiden, leicht mit Mehl einpudern und antrocknen lassen. Wenige Minuten vor dem Anrichten in siedendem Salzwasser al dente garen.

Die Tomaten in heisses Wasser tauchen, dann häuten, entkernen und würfeln. Die Zwiebel und den Knoblauch sehr fein hacken und mit den Kräutern in nicht zu heissem Olivenöl dünsten. Nun die Tomatenwürfel – möglichst ohne Saft – hinzufügen, alles vermengen, unter Rühren kurz anziehen lassen und abschmecken. Die gekochten und abgetropften Teigwaren mit der Sauce vermischen und sofort, solange alles noch heiss ist, anrichten. Frisch geriebenen Parmesan dazu servieren.

MALTAGLIATE AL TARTUFO BIANCO SU LONZA DI MAIALE AL LATTE

Handgeschnittene Nudeln mit weisser Trüffel und Schweinsfilet

«Dieses gutbürgerliche Gericht hat bei grossen Festen Tradition. Allein schon sein Anblick ist eine Pracht: zuunterst auf dem Teller liegt ein schönes Stück Schweinsfilet, mit der Bratensauce übergossen, darüber kommen die Nudeln, mit reichlich Butter und Trüffel angemacht.»

500 g frischer Nudelteig (Seite 36)

SAUCE:
Olivenöl extra vergine
6 Knoblauchzehen
2 Rosmarinzweige
2 Lorbeerblätter
400 g Schweinsfilet
1 grosse Zwiebel
2 Stengel Bleichsellerie
2 Karotten
1 l Milch
Salz, Pfeffer aus der Mühle

50 g Butter
weisse Trüffel nach Belieben

Die Maltagliate, wie im vorangehenden Rezept beschrieben, zubereiten.
In der Zwischenzeit etwas Olivenöl leicht erhitzen und die geschälten Knoblauchzehen mit den Kräutern gerade so lange darin anziehen lassen, dass sie von ihrem Aroma abgeben. Nun das Schweinsfilet darin auf allen Seiten anbraten, das zerkleinerte Gemüse hinzugeben und goldbraun rösten. Mit etwas Milch ablöschen, eine Weile köcheln lassen und nach und nach etwas Milch dazugiessen. Nach rund 30 Minuten kann man das Filet tranchieren und anrichten, die Sauce durchsieben und über das Filet giessen. Die gekochten und gut abgetropften *Maltagliate* mit der Butter und in Scheibchen geschnittener Trüffel vermengen und darauf anrichten.

TAGLIOLINI AL TUORLO CON POLPA DI VITELLO E CONSERVA

Fein geschnittene Eiernudeln mit Kalbfleisch-Tomatensauce

«Die Pasta, wie wir sie im Piemont machen, ist noch ganz nahe bei der bäuerlichen Tradition: Wir nehmen Mehl, Eier – die es auf einem Hof ja immer gibt – und die Hände der Hausfrau. Es sind diese Elemente, die eine der grössten Köstlichkeiten hervorgebracht haben.»

500 g frischer Nudelteig (Seite 36)
etwas feiner Maisgriess

SAUCE:
2 Knoblauchzehen
½ Zwiebel
2 Stengel Bleichsellerie
½ Karotte
2 Lorbeerblätter
2 Rosmarinzweige
5 Basilikumblätter
5 Petersilienzweige
Olivenöl extra vergine
200 g fein gehacktes Kalbfleisch
Salz
4 EL eingemachte gekochte Tomatensauce (Seite 26)

Den Nudelteig dünn auswalzen, mit feinem Maisgriess bestreuen, damit er nicht klebt,

dann aufrollen und mit einem scharfen Messer in ganz schmale Streifchen schneiden.
Für die Sauce die Gemüse, Gewürze und Kräuter sehr fein schneiden oder hacken. In heissem Olivenöl andünsten, das Kalbfleisch zugeben und schnell mitbraten, anschliessend salzen und mit der Tomatensauce ablöschen.
Die Tagliolini in kochendem Salzwasser kurz *al dente* garen. Abgetropft mit der Sauce mischen und heiss mit frisch geriebenem Parmesan servieren.

TAGLIOLINI ALLA MANIERA DEI PASTORI

Feine Nudeln nach Hirtenart

«Diese Pastasauce ist etwas archaisch, aber äusserst wohlschmeckend und gesund.»

SAUCE:
150 g piemontesischer Seirass oder Ricotta
4 EL Olivenöl extra vergine
4 EL eingemachte gekochte Tomatensauce (Seite 26)
reichlich schwarzer Pfeffer aus der Mühle

500 g frische Nudeln (Seite 36)

Die Zutaten für die Sauce in eine Keramikschüssel geben und im Wasserbad unter Rühren eher gut durchwärmen als erhitzen. Die Nudeln in kochendem Salzwasser *al dente* kochen und abgetropft mit der Sauce vermengen. Sofort servieren.

Gnocchi alla contadina

Kartoffelklösschen nach bäuerlicher Art

«Diese *Gnocchi* gelingen Ihnen besser, wenn Sie mehlige und nicht zu neue Kartoffeln verwenden. Die hübschen Rillen, die bei der Zubereitung mit der Gabel entstehen, haben auch einen praktischen Sinn: durch die unregelmässige Oberflächenstruktur saugen die Klösschen später viel mehr von der aromatischen Sauce oder der Butter auf.»

Für 4 bis 6 Personen

500 g Kartoffeln
50 g Weissmehl
1 Eigelb
Salz
frisch geriebene Muskatnuss

Die Kartoffeln mit der Schale in Salzwasser weich kochen. Noch warm schälen und im Passiergerät pürieren. Bei Raumtemperatur auskühlen lassen, dann zügig mit dem Mehl, dem Eigelb und den Gewürzen zu einem lockeren

Teig verarbeiten. Auf einem bemehlten Brett portionenweise zu fingerdicken Strängen rollen und diese in 2 cm lange Stücke schneiden. Jedes Klösschen nun noch einzeln über die Zinken einer Gabel abrollen, damit die typischen Rillen entstehen. In siedendes Salzwasser geben und kochen, bis sie an die Oberfläche steigen. Mit einer Schaumkelle herausheben und noch heiss je nach Lust mit Butter, Käse oder einer Sauce servieren.

Risotto ai fiori di tarassaco

Risotto mit Löwenzahnblüten

«Die Löwenzahnblüten waren einst der Safran der Armen. Früher war es üblich, sie auf Vorrat zu trocknen. Frisch geben sie ein eigenwilliges Aroma ab, das sich auf ganz besondere Art mit dem Reisgeschmack verbindet.»

1 kleine Knoblauchzehe
1 Zwiebel
1 kleine Lauchstange
2 Lorbeerblätter
1 Rosmarinzweig
240 g Reis (Arborio Superfino)
2 EL Olivenöl extra vergine
600 ml heisse Fleischbrühe
1 Handvoll abgezupfte Löwenzahnblütenblättchen
1 EL frisch geriebener Parmesan
1 EL Olivenöl extra vergine
schwarzer Pfeffer aus der Mühle

Den Knoblauch, die Zwiebel und den Lauch sehr fein schneiden. Zusammen mit den Lorbeerblättern, dem Rosmarin und dem Reis im Olivenöl andünsten. Darauf achten, dass nichts anbrennt und dadurch bitter wird. Mit etwas

heisser Brühe ablöschen, diese kurz einkochen und die Löwenzahnblütenblättchen daruntermengen. Unter ständigem Rühren nach und nach weitere Brühe beifügen, bis der Reis gar, aber noch *al dente* ist. Zuletzt den Parmesan, etwa einen Esslöffel Olivenöl und frisch gemahlenen Pfeffer unterziehen. Heiss servieren. (Bild oben)

Riso stufato ai tartufi della famiglia Sabauda

Gedämpfter Reis nach altem savoyardischen Rezept

«Diese Zubereitungsmethode ist uralt, und es fehlt ihr noch die Technik der modernen Risottozubereitung. Vermutlich genossen die Savoyer diesen Reis jeden Sonntag, wenn sie in privatem Rahmen zu Mittag speisten; heute er-

Ob ein Risotto nun sämig-flüssig – all'onda – oder eher trocken – sgranato – sein soll, ist ein Glaubensstreit. Einig hingegen sind sich alle, wenn es um die Konsistenz der Körnchen geht, die man allgemein als al dente umschreibt. Die piemontesische Reissorte Carnaroli ist vielleicht deshalb so rasch in Mode gekommen, weil sie den Biss auch nach längerem Kochen behält. Noch bis 1850 kannte man in Italien eine einzige Sorte Reis, den riso nostrale. Heute gibt es über vierzig Arten, und seit 1866 der Bau des Cavour-Kanals begonnen wurde, der sich quer durch die Provinz Vercelli zieht, ist das Piemont unter Italiens Reisproduzenten führend geworden.

innert sein Geschmack an vergangene Zeiten. Zum Nachkochen gebe ich Ihnen keine lange Zutatenliste, sondern erkläre ganz einfach, wie ich es mache:

Im Verhältnis nehme ich auf jeweils eine Handvoll Reis ein Glas dunkle, konzentrierte Fleischbrühe, die ich aus Rindfleisch, zersägten Markknochen, Suppengemüse und besteckten Zwiebeln zubereitet habe. In einem Topf mit einem dicht schliessenden Deckel bringe ich die abgemessene Brühe mit der entsprechenden Menge Reis unter Rühren zum Kochen, reduziere die Hitze, verschliesse den Topf und lasse den Reis dann köcheln, eigentlich fast nur quellen, bis er gar ist. Er soll die Flüssigkeit gut aufsaugen; bei Bedarf kann man noch etwas Fleischbrühe zugeben. Die Reiskörnchen müssen weich sein, ohne aneinander zu kleben, und doch noch etwas Biss haben. Zum Essen eignet sich dann der Löffel besser als die Gabel. Den noch sehr heissen Reis garniere ich mit Scheibchen von Fontina-Käse, geriebenem Parmesan, frisch gemahlenem schwarzem Pfeffer und reichlich Butter. Schliesslich begiesse ich ihn mit einem halben Schöpflöffel guter Bratensauce und hoble nach Herzenslust weisse Trüffel darüber. Wenn das keine Speise für Könige ist!»

Polenta con gli occhi

Die Polenta mit den Augen

«Irgendwann kam dieses Gericht zu seinem Namen ‹mit den Augen›, bei denen es sich natürlich um die Bohnen handelt. Die Zubereitung ist so einfach, dass ich sie Ihnen ohne lange Vorbereitungen erkläre:

Am Vorabend weiche ich drei Handvoll getrocknete Borlottibohnen in Salzwasser ein. Für die Polenta nehme ich eine schöne, fein geschnittene Zwiebel, gehackte Salbeiblätter und andere Würzkräuter, bedecke sie in einem Topf mit Wasser, und gebe, wenn es siedet, die eingeweichten Bohnen hinein. Je nach Möglichkeit kommt noch ein Suppenknochen oder eine Kochwurst hinzu, dann muss das Ganze eine Weile köcheln. Später, aber solange die Bohnen noch etwas Biss haben, entferne ich den Knochen oder die Wurst wieder und streue dafür das Maismehl dazu. Wichtig ist, immer wieder gut umzurühren und zu kontrollieren, ob der Brei genügend Salz hat. Von nun an beträgt die Kochzeit noch mindestens 40 Minuten. Die fertige Polenta wirkt am schönsten auf einem Holzbrett, auf dem man sie traditionellerweise schliesslich mit einem Faden zerteilt.» (Bild rechts)

Secondi piatti

Zweiter Hauptgang

Die Auswahl für den zweiten Hauptgang, die *Secondi,* ist ein Kaleidoskop von Produkten und Zubereitungsarten. Manches – wie etwa der *Fritto misto* oder die *Bagna câoda* – wird keine einleitende Folge von *Antipasti* oder *Primi* ertragen, sondern ist traditionell als eigenständige Mahlzeit in einem grösseren Freundeskreis geplant. Es gibt auch Gerichte – wie die *Cocotte al tartufo* oder der Gemüseflan mit der *Fonduta* –, die sich aufgrund ihrer geschmacklichen Besonderheit keinem späteren Fleischgang unterordnen würden. Das eine oder andere mag Ihnen als ungewohnt auffallen – wie vielleicht die *Finanziera* mit den Innereien und Hahnenkämmen. Egal, welche Speise Sie nun auch ausprobieren, wählen Sie dafür die frischesten und besten Zutaten!

Sowohl die Artischocken als auch die Karden sind Verwandte der Distel, was sie durch ihr Stacheln verraten. Beide haben von Natur aus einen bekömmlichen bitteren Geschmack, sofern er ihnen nicht weggezüchtet wurde.
Bei den Karden, die zu einer richtigen Bagna câoda gehören, verwendet man ausschliesslich die dickfleischigen Stengel und entfernt vor dem Kochen die stacheligen Ränder und etwaige Blattreste. Zähe und ungeniessbare Fasern lassen sich wie Fäden abziehen. Um das Braunwerden zu verhindern, muss man die vorbereiteten Stiele sofort mit Zitronensaft einreiben.

BAGNA CÂODA

Warme Dip-Sauce aus Olivenöl, Knoblauch und Sardellen

«Über unser piemontesisches ‹Nationalgericht› klaffen die Meinungen oft so weit auseinander, dass ich Ihnen quasi als Appetithäppchen einen Text von Giovanni Goria, der auch das Vorwort zu diesem Buch geschrieben hat, präsentieren möchte:
‹Seit uralten Zeiten vereint die *Bagna câoda* die hiesige Bevölkerung bei der Feier der abgeschlossenen Ernte. An der gemeinsamen Festtafel tauchen die Tischgenossen die köstlichen Karden, die in den Langhe ihre idealen Lebensbedingungen gefunden haben, in eine überaus wohlschmeckende Sauce. Sie besteht einzig aus Knoblauch, Sardellen und feinstem kaltgepresstem Olivenöl und wird in einem Keramiktopf serviert. Im gemächlichen Lauf der Gespräche, diesem Vorspiel zu neuen Freundschaften oder der Vertiefung alter Bekanntschaften, schwindet die Zeit friedlich dahin, als möchte sie vor Augen führen, dass nach der harten Feldarbeit die Leute sich nun an den Tisch setzen können, um zu lachen und zu feiern. Diese grosse *Bagna câoda* ist für alle, die sie lieben und verstehen, das Banner der piemontesischen Küche und Wesensart. Sie ehrt die bäuerliche Kultur und gedenkt des Erbes unserer Weinbauern, sie symbolisiert die Freundschaft und die Brüderlichkeit, und sie stellt das leckermäulige Vergnügen unseres traditionellsten Geschmackes dar. Es ist überhaupt kein derbes oder mastiges Gericht, im Gegenteil. Es ist natürlich und gesund, und der Knoblauch schadet auch nicht, im Gegenteil. Er ist heilsam, und sein Geruch hindert keinen intelligenten und freien Menschen. Zu guter Letzt verduftet das Gerüchlein mit einem Spaziergang über Land.›»

30 Knoblauchzehen
300 ml Olivenöl extra vergine
10 gewässerte Sardellen
Zum Dippen: verschiedenes rohes und gekochtes Gemüse

Sechs Knoblauchzehen zerquetschen, die anderen in feine Scheiben schneiden. Das Öl hinzugiessen und auf kleinstem Feuer erwärmen. Sobald der Knoblauch etwas Farbe annimmt – aber nicht zuviel! – die Sardellen dazugeben. Sobald sie zerfallen – und das tun sie sofort – ist die *Bagna câoda* bereit.
Die Gemüse zum Tunken lassen sich im voraus zubereiten: Karden, Topinambur, weisser und grüner Kohl, Zuckerhut- und Endivienherzen, zarte, längliche Schalotten, knackiger Lauch, zarte weisse Rübchen, sowohl roh, als auch gekocht, geschmorte Randen (rote Bete), gebackene Kürbisscheiben, in der Schale gekochte Kartoffeln, im Ofen gebackene Zwiebeln, heisse gebackene Polentaschnitten, geröstete und geschälte rote und gelbe Peperoni (Paprika), in Essig eingelegte Peperonistreifen.
Am einfachsten hat jeder am Tisch eine Auswahl der obigen Zutaten vor sich, und dazu ein Keramiktöpfchen mit der Sauce, die von einer Rechaudkerze warm gehalten wird. Ein guter Barbera oder Nebbiolo gehören zu den schon fast obligatorischen Begleitern dieser *Bagna câoda.*

Obwohl die weisse Trüffel, Tuber magnatum, auch in anderen italienischen Regionen und vereinzelt in Frankreich und dem ehemaligen Jugoslawien anzutreffen ist, erreicht sie nur in wenigen Gegenden des Piemont – Langhe, Roero, Monferrato – das berühmte wuchtige Aroma. Ihr Gedeihen hängt vom Vorkommen bestimmter Baumwurzeln ab, etwa von der Eiche, Pappel oder Linde, mit denen sie in Symbiose lebt. Feinschmecker bilden sich etwas darauf ein, den jeweiligen Standort einer Trüffel nach ihrem Aussehen bestimmen zu können, andererseits unterliegen auch sie oft den Täuschungsmanövern gerissener Händler, die billige «importierte» Knollen unter die teuren Albeser mischen. Der unbändige Appetit nach den weissen tartufi spielt solchen Betrügereien natürlich in die Hand. Zwar gibt es Versuche, Trüffel durch die Pflanzung von versporten Bäumchen zu züchten, das grosse Geschäft damit bleibt aber vorerst ein Traum.
Weniger Aufsehen, was Duft und Preis betrifft, macht die schwarze Sommertrüffel, Tuber aestivum. Der Name ist etwas irreführend, da man sie oft bis weit in den Winter, ja manchmal bis ins Frühjahr antrifft. Schwarz ist auch nur ihre warzige Aussenseite; innen ist sie hellbraun oder beige, mit weissen Äderchen durchzogen.

COCOTTE AL TARTUFO

Näpfchen mit Ei und Trüffel

«Diese raffinierte Kombination aus der bürgerlichen Küche bildet den Höhepunkt einer Mahlzeit. Aus diesem Grund gebührt ihr, so winzig und unauffällig sie auch wirkt, der Status eines Hauptganges. Nach dem Genuss ist der Mund noch so voller Aromen, dass die Fortsetzung mit einem Fleischgericht sehr schwierig wäre.»

FÜR 1 PERSON

1 TL Butter
1 Ei
2 EL Vollmilch
etwas frisch geriebener Parmesan
Salz und schwarzer Pfeffer aus der Mühle
ein paar Scheibchen weisse Trüffel

Ein Porzellannäpfchen gut ausbuttern, das Ei hineinschlagen, die Milch und den Parmesan hinzufügen, dann Salz und Pfeffer darüberstreuen. 8 Minuten im Ofen bei 200 °C backen, herausnehmen und grosszügig weisse Trüffel darüberhobeln. Vor dem Geniessen sämtliche Zutaten miteinander vermischen. (Bild links)

FRITTURA DOLCE

Süsse Griessschnitten

«Wir Piemontesen lieben diese Schnitten als Beilage zu gesalzenen Speisen. Mit schöner Rohkost kombiniert ergeben sie aber auch eine komplette Mahlzeit.»

FÜR 8 PERSONEN

1 l Milch
250 g Hartweizengriess
6 EL Zucker
1 Zitronenschale, abgerieben
2 Eigelb
2 Eiweiss
Salz und schwarzer Pfeffer aus der Mühle
Brotbrösel
Olivenöl extra vergine

Die Milch erhitzen, kurz vor dem Siedepunkt den Weizengriess hineinstreuen und unter Rühren den Zucker und die Zitronenschale hinzufügen. Auf sachtem Feuer 15 bis 20 Minuten köcheln lassen. Den Topf von der Herdplatte nehmen und die Eigelbe nacheinander unter die Griessmasse ziehen. Den Boden einer flachen Platte mit Olivenöl bepinseln und die Masse darauf flachstreichen. Erkalten lassen, in rautenförmige Schnitten schneiden und jede erst in leicht geschlagenem, mit Salz und Pfeffer gewürztem Eiweiss und dann in Brötbröseln wenden. Danach in heissem Olivenöl knusprig backen.

FRITTO MISTO ALLA PIEMONTESE

Festgelage aus allerlei Fritiertem

«Wichtig ist, dass man dieses Festmahl in mehrere Runden einteilt, damit die Gäste auch wirklich alles ganz frisch und heiss geniessen können. Auf keinen Fall darf man die verschiedenen Speisen gleichzeitig auftischen. Gut dazu passt eine heisse *Salsa rossa* (Seite 26).»

150 g Kalbshirn
100 g Kalbsrückenmark
3 Karotten
1 Fenchelknolle
2 Zucchini
2 Artischocken
1 Aubergine
150 g Blumenkohl
2 Äpfel
4 Lammkoteletts
4 Kalbsmedaillons
4 Kalbsleber-Schnitzelchen
4 Batsoà (Seite 105)
4 gefüllte Kürbisblüten (Seite 70)
8 Stück Frittura dolce (Seite 102)
4 Stück Frisse aus ¼ der Rezeptmenge auf Seite 116
200 g Bauernbratwurst

Weissmehl
Eier
Brotbrösel
Olivenöl zum Fritieren

Zuerst das Kalbshirn und -rückenmark in gesalzenem Essigwasser blanchieren und säubern. Das Gemüse putzen und zerkleinern, dann in Salzwasser kurz überbrühen. Die Äpfel schälen, entkernen und in dicke Ringe schneiden. Die übrigen Zutaten, wie die *Batsoà,* die gefüllten Kürbisblüten oder die *Frittura dolce,* so weit zubereiten, dass sie nur noch fritiert werden müssen.
Vor dem Ausbacken immer zuerst alles in Mehl, dann in leicht gesalzenem, verquirltem Ei und schliesslich in Brotbröseln wenden. Man benötigt reichlich Olivenöl, das je nach Grösse der Tischgesellschaft und der Speisenfolge mehrmals gewechselt werden muss. Immer alles knusprig fritieren, auf Haushaltspapier abtropfen lassen und ganz heiss servieren. Einen grossen Topf mit *Salsa rossa* (Seite 26) auf den Tisch stellen, aus dem sich jeder nach Lust bedient. Es erübrigt sich wohl zu sagen, dass man auch bei der Zusammenstellung für diesen *Fritto misto* ganz nach Belieben vorgeht, das heisst, man kann sowohl eine Zutat weglassen als auch eine andere hinzufügen.

FLAN DI ORTAGGI CON FONDUTA

Gemüseflan mit Käsesauce

«Im Lauf der Zeiten zeigte unser Bündnis mit dem Aostatal auch seine Wirkung in der bürgerlichen Küche. Das führte denn zum Beispiel zu der überaus harmonischen Vermählung der *Fonduta* mit unserer kostbaren Trüffel – oder eben mit diesem delikaten Gemüseflan.»

FÜR 4 BIS 6 PERSONEN
800 g gemischtes Gemüse: Topinambur, Blumenkohl, Mangoldblätter, Artischocken, ein wenig Karotte und Bleichsellerie
1 Zwiebel
3 Knoblauchzehen
1 Rosmarinzweig
Olivenöl extra vergine

Die weisse Trüffel sollte man immer möglichst frisch geniessen, da sie mit jedem Tag ein wenig von ihrem Aroma verliert. In jedem Fall wird sie immer roh und im allerletzten Augenblick über die angerichtete Speise gehobelt. Zum Reinigen genügt ein Bürstchen und fliessendes kaltes Wasser; das Schälen wäre Unsinn. Auf gleiche Weise bereitet man die schwarze Sommertrüffel vor, die man auf piemontesische Art auch gern in Marsala einlegt, so wie es in Claudias Küche der Brauch ist.

BÉCHAMELSAUCE:
50 g Butter
50 g Mehl
½ l Milch
frisch geriebene Muskatnuss
Salz und schwarzer Pfeffer aus der Mühle

6 Eier, Eigelb und Eiweiss getrennt
80 g frisch geriebener Parmesan

Fonduta (Seite 32)

Das Gemüse so kurz dämpfen oder blanchieren, dass es noch knackig ist. Die Zwiebel, den Knoblauch und Rosmarin hacken und in etwas Olivenöl anziehen lassen. Das gegarte Gemüse hinzugeben und kurz mitdünsten, leicht salzen und dann pürieren.
Für die Béchamelsauce die Butter schmelzen, das Mehl unterrühren und anschwitzen. In einem anderen Topf die Milch erhitzen und unter ständigem Rühren mit dem Schneebesen zur Butter-Mehl-Mischung giessen. Mit Muskat, Salz und Pfeffer abschmecken und unter häufigem Rühren noch etwas köcheln lassen. Nun den Topf vom Feuer nehmen und das pürierte Gemüse mit der Sauce vermengen. Die Eigelbe ganz leicht verquirlen und hinzufügen, dann den Parmesan und am Schluss die steifgeschlagenen Eiweiss beifügen. Noch einmal kontrollieren, ob die Masse richtig gewürzt ist.
Eine Soufflé- oder Backform gut einfetten und mit etwas Mehl bestäuben, dann die Masse einfüllen und im Wasserbad mindestens 40 Minuten bei 180 °C im Ofen garen. Zur gehörigen Augenweide schliesslich auf eine heisse Platte stürzen und mit der *Fonduta* übergiessen. Wer gerne sündigt, leistet sich sogar noch eine weisse Trüffel dazu: Sie ist in dieser Komposition das Tüpfchen auf dem i.

FILETTO DI SALMERINO ALLA NOCCIOLA E CAPPERI

Saibling mit einer Sauce aus Haselnüssen und Kapern

«Statt des seltenen Saiblings können Sie auch eine Lachsforelle verwenden. Aber der Fisch muss ganz frisch sein. Das ist für das Aroma wichtig. Meine piemontesische Sauce passt wunderbar dazu, und sie lässt sich auch mit anderen Forellenarten kombinieren.»

1 Saibling oder 1 Lachsforelle von 1 kg
2 Knoblauchzehen
1 Rosmarinzweig
1 Glas Weisswein

SAUCE:
2 Lauchstengel, in feinste Ringe geschnitten
2 Lorbeerblätter
1 Rosmarinzweig
Olivenöl extra vergine
1 EL Haselnüsse, geröstet, geschält
und gehackt
6 Kapern
200 ml Fleischbrühe
Salz und schwarzer Pfeffer aus der Mühle
1 Bund Petersilie, fein zerschnitten

Mehl zum Bestäuben
Olivenöl zum Braten, vorzugsweise mit
Rosmarin aromatisiert
als Garnitur: Artischockenherzen oder zarte
Fenchelknollen, hauchdünn geschnitten und
kurz in Olivenöl gedünstet

Den Fisch filetieren und entgräten. Mit den Knoblauchzehen und dem Rosmarin im Weisswein knapp 15 Minuten marinieren.
Für die Sauce den Lauch mit Lorbeer und Rosmarin in nicht zu heissem Olivenöl andünsten. Die Nüsse und Kapern hinzufügen, mit Fleisch-

brühe ablöschen, einkochen und mit Salz und Pfeffer abschmecken. Kurz vor dem Servieren die Petersilie daruntermengen.
Die Fischfilets aus der Marinade nehmen, abtrocknen, mit Salz und Pfeffer einreiben und mit Mehl leicht bestäuben. In aromatisiertem Olivenöl beidseitig braten; der Fisch sollte jedoch noch rosa bleiben.
Die Nusssauce mit dem Mixstab aufschlagen und um die angerichteten Filets giessen. Mit gedünsteten, noch knackigen Gemüsescheibchen hübsch garnieren. (Bild unten)

BATSOÀ ODER «BAS DE SOIE»

«Seidenstrümpfchen»

«Den schönen Namen haben diese Schweinsfüsschen wohl wegen ihrer äusserst delikaten Struktur erhalten. Das Fleisch ist so zart, dass es praktisch auf der Zunge zergeht.»

2 Schweinsfüsse, sauber gebürstet und abgesengt
2 l Wasser
½ l Weisswein
½ l Essig
1 Zwiebel
5 Gewürznelken
1 Zimtstengel
2 Lorbeerblätter
1 Stengel Bleichsellerie
1 Ei
Salz
½ TL getrockneter Oregano
50 g Brotbrösel
Olivenöl extra vergine

Die Schweinsfüsse in einen Topf mit dem gesalzenen Wasser, Weisswein und Essig geben. Die Gewürze und das Sudgemüse hinzufügen, dann alles 2 Stunden sanft köcheln lassen. Wenn die Schweinsfüsse weich sind, herausnehmen und auskühlen lassen, gut abtrocknen und das Fleisch vom Knochen lösen. Das Ei mit etwas Salz und dem Oregano verquirlen, dann das

Fleisch hineintauchen und in den Brotbröseln wenden. Zugedeckt in einer Eisenpfanne in heissem Öl goldbraun backen und ganz heiss servieren. Nach Belieben kann man die fertig gebackenen Schweinsfüsschen auch in eine *Carpione*-Marinade einlegen und später kalt geniessen.

Merluzzo al verde degli ortolani

Eingesalzener Kabeljau an Gemüsesauce

«Dies ist ein durch und durch piemontesisches Gericht, das sich aus dem uralten Handel mit unseren Nachbarregionen ergeben hat. Die Harmonie der verschiedenen Aromen scheint mir unverändert perfekt: Durch die Milch wird die Sauce ganz mild und schmeichelt dem Kabeljau. Die bunte Gemüsemischung verleiht ihr etwas Frisches, wobei der Knoblauch und die Petersilie durchaus dominieren dürfen. Als Beilage passt wunderbar eine Polenta oder ein Kartoffelpüree dazu.»

Für 6 Personen
1 kg eingesalzener Kabeljau (Klippfisch)
etwas Weissmehl zum Bestäuben
Olivenöl extra vergine
1 Handvoll Spinatblätter, grob zerschnitten
1 Handvoll Mangoldblätter, grob zerschnitten
½ Bleichsellerie mit den Blättern, grob gehackt
100 g rote und gelbe Peperonistreifen (Paprika), in Essig eingelegt
3 kleine Zwiebeln, in feine Streifen geschnitten
1 Lauch, in feine Ringe geschnitten
200 ml Gemüsebrühe
1 Handvoll Petersilie, gehackt
4 Salbeiblätter, gehackt
3 Knoblauchzehen, gepresst
3 EL Kapern, wenn eingesalzen, dann gut gewässert
4 EL eingemachte gekochte Tomatensauce (Seite 26)
½ l Vollmilch

Den Kabeljau gut spülen und ungefähr zwei Tage wässern, wobei das Wasser mehrmals zu wechseln ist. Die Gräten mit einer Pinzette herauszupfen und den Fisch in etwa 4×4 cm grosse Stücke schneiden. Mit einem Tuch oder Haushaltspapier abtrocknen, in Mehl locker wenden und dieses mit den Händen leicht anklopfen. In einer Bratpfanne in heissem Olivenöl auf beiden Seiten einige Minuten braten, herausnehmen und warm halten.

In einer anderen grossen Bratpfanne 4 Esslöffel Olivenöl erhitzen und das vorbereitete zerkleinerte Gemüse darin anziehen lassen. Mit etwas Gemüsebrühe ablöschen, kurz dünsten, dann die gehackten Kräuter, den Knoblauch und die Kapern hinzufügen. Alles gut vermengen und ein paar Minuten weiterdünsten, dann die gebratenen Fischstücke, die Tomatensauce und die Milch dazugeben. Weitere 5 Minuten bei mässiger Hitze auf dem Herd köcheln oder 10 Minuten bei 180 °C im Ofen garen. Vor dem Anrichten unbedingt kontrollieren, ob die Sauce angenehm gesalzen ist, was bei diesem Gericht vom Salzgehalt des Fisches abhängt. (Bild rechts)

WER RICO nach seinem Alter fragt, wird es nicht erfahren. Schliesslich ist er auch Trüffelsucher, also *tartufaio,* und die vagen Auskünfte auf neugierige Fragen sind ihm zur Strategie geworden. Sie seien wie die Jäger, heisst es von diesen Schatzgräbern, nur würden sie, wo die anderen aufschneiden, lieber untertreiben. Was Rico verrät, sind Erinnerungen, Erinnerungen an eine Zeit, als es noch einfach war, das blau gewürfelte Taschentuch mit den Preziosen zu füllen. Die schönsten Exemplare wurden jeweils von wohlhabenden Albeser Bürgern ersteigert und dann in grandioser Geste verschenkt: etwa 1951 an US-Präsident Harry Truman, 1959 an die Königin von England, 1965 an Papst Paul VI. Auch Rico hat 1956 eine Prachttrüffel gefunden, die fast drei Pfund wog. Heute, so meint er, würden die Knollen immer kleiner und seltener. Dafür gebe es verschiedene Gründe – weniger Bäume, saurer Regen, zu kühle Sommer – und nicht zuletzt der Mensch selber, der zunehmend alles leerplündere.

Da Trüffel bis einen halben Meter tief unter der Erde wachsen, braucht man eine feine Nase, um sie zu erschnüffeln. Im Piemont sind es speziell begabte Hunde, die entweder von einem Züchter oder ihrem Meister für die Suche abgerichtet werden. Berühmt war die Ausbildung von Antonio und Battista Monchiero, die alle kurz «Baròt» nannten. Ihre «Universität für Trüffelhunde» in Roddi machte Schlagzeilen rund um die Welt und liefert noch heute den Stoff für Legenden. Rico hat seine Hündin Iena selber dressiert und hält sie in gutem Training. Trüffel gibt es schliesslich nicht nur im Herbst, obwohl auch er zugibt, jedes Jahr packe ihn nach Mariä Himmelfahrt ein gewisses Fieber. Er beginnt dann mit dem Auskundschaften der Trüffelplätze, kann an Ienas Verhalten ablesen, wo eine mögliche Fundstelle ist, und merkt sich den Ort. Die ernsthafte Suche nach der begehrten Knolle beginnt bei zunehmendem Mond im September und dauert bis zum Einsetzen der hartnäckigen Bodenfröste. Rico und seine Iena sind während diesen Wochen fast jede Nacht unterwegs. Die ungewohnte Zeit wählen sie weniger um der Geheimnistuerei willen, sondern einfach weil nachts die Gerüche stärker sind und der Hund weniger abgelenkt wird. Nur hin und wieder, so berichtet der *tartufaio,* leistet auch er sich ein paar Trüffelscheibchen, eine *grattata,* über seine Nudeln. Gelegentlich setzt er sich dafür zu Claudia in die Küche, dann, wenn ihm und Iena ein besonderer Fund gelungen ist.

CANESTRELLO DEL GENTILUOMO DI CAMPAGNA

Mit Fleisch und Pilzen gefülltes Teigkorbchen

«Das Körbchen entsteht aus einem grünen Nudelteig, den man ganz kurz im Ofen backt und danach mit verschiedenen, nach Kräutern duftenden Fleischstücken und Pilzen füllt. Am schönsten präsentiert es sich auf einem Spiegel aus leuchtendgelber Polenta. Es sollte in seiner ganzen Darstellung an die Körbe der Winzer und an die Zeit der Traubenlese erinnern.»

TEIG:
200 g Weissmehl
½ TL Salz
1 Ei
1 Handvoll Spinat- oder Brennesselblätter, blanchiert und fein gehackt
Brotbrösel zum Ausstreuen

FÜLLUNG:
400 g gemischtes helles Fleisch: Huhn, Kaninchen, Truthahn, Kalbsfilet
½ Zwiebel
4 Knoblauchzehen
100 g Pilze
Olivenöl extra vergine
1 EL gemischte, gehackte Kräuter: Petersilie, Rosmarin Thymian
Salz, Pfeffer aus der Mühle

Für den Teig das Mehl mit dem Salz vermischen und in der Mitte eine Mulde bilden. Das Ei und die gehackten Gemüseblätter zufügen, dann alles zu einem geschmeidigen Teig verarbeiten. Diesen mindestens ½ Stunde zugedeckt ruhen lassen, danach dünn auswalzen. Runde Backförmchen von 8 bis 10 cm Durchmesser mit Öl bepinseln und – damit nichts klebt – mit ein wenig Brotbröseln ausstreuen. Den Teig in die passende Grösse schneiden und die Förmchen damit auslegen. Im Ofen bei 160 °C 10 Minuten backen, dann vorsichtig aus den Förmchen lösen.

Für die Füllung das Fleisch klein würfeln, die Zwiebel fein schneiden und den Knoblauch hacken. Die Pilze gut putzen und bei Bedarf zerkleinern. In etwas heissem Olivenöl erst die Zwiebeln und den Knoblauch anziehen lassen, dann das Fleisch kurz mitbraten. Die Pilze hinzufügen, unter Rühren mitbraten, die Kräuter untermengen und das Ganze mit Salz und Pfeffer abschmecken. Heiss in die vorbereiteten, noch warmen Körbchen füllen und diese auf einem Spiegel aus leicht flüssiger Polenta anrichten. (Bild rechts)

CONTROFILETTO AL ROSMARINO, ALLE NOCCIOLE O AL TARTUFO NERO

Entrecôte mit Rosmarin oder Haselnusssauce oder schwarzer Trüffel

«Den Ausschlag gibt hier die Fleischqualität. Im Piemont haben wir eine besondere einheimische Rinderrasse, von der natürlich auch dieses Entrecôte stammt.»

Pro Person rechnet man ein dickes Entrecôte oder Hohrippensteak von ca. 130 g

Mit Rosmarin:
In eine Bratpfanne etwas Olivenöl extra vergine, zwei Knoblauchzehen, einen Rosmarinzweig und zwei Lorbeerblätter geben und etwas erwärmen. In der Zwischenzeit das Fleisch salzen und mit frisch gemahlenem Pfeffer einreiben. Dann im heissen, inzwischen aromatisierten Öl auf beiden Seiten braten. Vor dem Anrichten in fingerbreite Tranchen schneiden und mit dem Bratensaft übergiessen. (Bild unten)

Mit Haselnusssauce:
Eine halbe fein geschnittene Zwiebel und einen Esslöffel geröstete, geriebene Haselnüsse in heissem Olivenöl anziehen lassen. Mit zwei Esslöffeln Fleischbrühe ablöschen und einige Minuten köcheln lassen. Ganz am Schluss etwas gehackte Petersilie untermengen, alles gut verrühren und sehr heiss über das gebratene Entrecôte giessen.

Mit schwarzer Trüffel:
Zwei Knoblauchzehen und zwei Lorbeerblätter in etwas Olivenöl sanft anziehen lassen, dann eine in Scheibchen geschnittene schwarze

Trüffel und zwei Esslöffel Fleischbrühe hinzugeben und alles einige Minuten köcheln lassen. Über dem heiss angerichteten Entrecôte verteilen.

FINANZIERA

Eintopf nach Art der Finanzleute

«Die Herkunft dieses Ragouts aus Innereien und einer säuerlich schmeckenden Sauce verbindet man mit dem Erfindungsreichtum der Turiner Köche, die rund um die alte Getreidebörse arbeiteten. Deren Nutzniesser waren die dortigen Makler, also die Finanzherren, die man an ihrem typischen dunklen Gehrock mit den Schwalbenschwänzen erkannte.»

100 g Kalbbries
100 g Stierhoden
100 g Kalbsrückenmark
100 g Kalbshirn
100 g Kalbsleisten
8 Hahnenkämme
2 EL Mehl
6 Lorbeerblätter
100 g Butter
1 Glas trockener Weisswein
½ Glas trockener Marsala
50 g Steinpilze, in Öl eingelegt
1 EL kräftiger Weinessig
Salz und frisch gemahlener Pfeffer
2 EL Bratensauce

Das Kalbsbries und die Stierhoden 10 Minuten in gesalzenem Essigwasser blanchieren, das Kalbsrückenmark und das Hirn nur kurz überbrühen. Die Innereien dann gut von Häutchen und Sehnen säubern. Die Hahnenkämme absengen, unter fliessendem Wasser spülen und in Salzwasser blanchieren. Alle diese Zutaten

in mundgerechte Stücke schneiden, abtrocknen, in Mehl wenden und zusammen mit den Lorbeerblättern in Butter braten. Mit Weisswein ablöschen und diesen einkochen lassen. Die Fleischstücke nun in eine neue, saubere Pfanne geben, ein Stück frische Butter hinzufügen, den Marsala und die Steinpilze dazugeben und mit einem Spritzer Essig angenehm säuerlich abschmecken. Zum Schluss den Geschmack mit Salz und Pfeffer und einer guten Bratensauce abrunden.

Ein Wildhase al civet bedeutet in der Regel, dass die Sauce mit dem Blut oder der Leber des Tieres gebunden wird. Claudias Version ähnelt aber einem leichten Salmi, bei dem das Fleisch nur kurz mariniert wird und die Sauce auch um einiges leichter wirkt. Eine uralte und noch immer gebräuchliche Methode, um den starken Wildgeschmack eines vielleicht schon älteren oder gar lange abgehangenen Hasen zu neutralisieren, ist das sogenannte «Ausschwitzen». Den Vorgang haben wir Ihnen im ersten Kapitel bei den Grundrezepten beschrieben.

CODA DI BUE MARINATA AL BARBARESCO

In Barbaresco marinierter Ochsenschwanz

«Im Piemont sagen wir, dass beim Fleisch immer der Teil am besten schmeckt, der am nächsten beim Knochen liegt. Und der Ochsenschwanz ist schliesslich nichts anderes als Fleisch und Knochen zusammen. Das Ganze hat denn auch einen überwältigenden Geschmack.»

2 Karotten
2 Stengel Bleichsellerie
5 Knoblauchzehen
2 Zwiebeln, mit Nelken und Zimt besteckt
2 Lorbeerblätter
2 Ochsenschwänze, in Stücke geschnitten
1 l nicht zu junger Barbaresco
Salz und frisch gemahlener Pfeffer
Olivenöl extra vergine

Das Gemüse würfeln, den Knoblauch hacken und mit den besteckten Zwiebeln, den Lorbeerblättern und dem Fleisch in eine Schüssel geben. Mit Barbaresco übergiessen und mindestens 12 Stunden marinieren. Die Ochsenschwanzstücke herausnehmen, abtrocknen und mit Salz und Pfeffer einreiben. In einem Brattopf etwas Olivenöl erhitzen und das Fleisch auf allen Seiten anbraten. Das Gemüse absieben und ebenfalls mitrösten, bis es eine schöne Farbe hat. Mit dem Wein der Marinade ablöschen und zugedeckt mehrere Stunden schmoren lassen. Zwischendurch kontrollieren, ob noch genug Flüssigkeit vorhanden ist, und eventuell mit etwas Brühe ergänzen. Erst wenn das Fleisch sich praktisch wie von selbst vom Knochen löst, ist das Gericht gar. Das Fleisch anrichten, die verbliebene Sauce entfetten, passieren und heiss darübergiessen. Die klassische Beilage dazu ist eine Polenta.

LEPRE AL CIVET

Gebeizter Wildhase

«Für einen Jäger der Langhe ist der Hase die wichtigste Beute. Aus dem Grund geniesst man dieses Gericht nie in der Familie allein, sondern lädt immer Freunde dazu ein.»

1 abgehangener Wildhase
6 mittelgrosse Zwiebeln
6 Knoblauchzehen
1 Karotte
2 Stengel Bleichsellerie
6 Gewürznelken
1 kleines Stück Zimtrinde
1 l guter Barbaresco
Salz und frisch gemahlener Pfeffer
Olivenöl extra vergine

Den Hasen in Stücke zerlegen. Die Zwiebeln, den Knoblauch und das Gemüse fein schneiden und zusammen mit dem Fleisch und den Gewürzen in eine Schüssel geben, mit dem Barbaresco übergiessen und mindestens 12 Stunden marinieren. Dann das Fleisch herausnehmen, gut abtrocknen und mit Salz und Pfeffer würzen. In heissem Olivenöl anbraten, das Würzgemüse absieben und hinzugeben, mitrösten und mit etwas Marinadenflüssigkeit ablöschen. Zugedeckt bei sanfter Hitze schmoren lassen und immer wieder vom Barbaresco der Marinade dazugiessen. Die Garzeit hängt vom Alter des Hasen ab: bei einem jungen Hasen reicht ½ Stunde; ansonsten kann das Schmoren bis zu 2 oder 3 Stunden dauern. Vor dem Servieren die Sauce durch ein feines Sieb streichen und abschmecken. Die klassische Beilage zu diesem Wildgericht ist eine dicke Polenta – und wenn draussen die Erde zugefroren ist, passen Gericht und Stimmung bestens zusammen. (Bild rechts)

Der berühmte piemontesische Bollito ist ein Festgelage. Nach klassischer Art braucht man dafür sieben verschiedene Fleischsorten, jede in grosszügigen Mengen. Eine Paraderolle spielen die Saucen: die roten und die grünen, die rustikalen und die raffinierten. Neben dem grossen Bollito – dem Grande Bollito Misto Piemontese – gibt es ein paar einfachere, «reduziertere» Varianten, so wie man auch regionale Vorlieben für bestimmte Fleischstücke antrifft. Gelegentlich ruft das Thema sogar die Puristen aufs Feld: der wahre Bollito, so sagen sie, soll pur, das heisst ohne jegliche Bagna oder Salsa, höchstens mit ein paar Körnchen Salz genossen werden.

Frisse

Gebratenes Allerlei aus Schweinefleisch

«Diese sehr typische Winterspezialität bereitet man bei uns immer, wenn auf den Höfen ein Schwein geschlachtet wird. Das Rezept gibt es in unzähligen Abwandlungen und Kombinationsmöglichkeiten; die meine lautet so.»

Für 6 Personen

300 g Schweinefleisch aus der Keule
150 g Schweinsleber
100 g Schweinsherz
200 g grobes Wurstbrät
3 Wacholderbeeren, gehackt
Salz, schwarzer Pfeffer aus der Mühle
frisch geriebene Muskatnuss
1 Ei
1 Schweinsnetz, gut gewässert
Olivenöl extra vergine

Fleisch, Leber und Herz grob hacken und mit dem Wurstbrät, den Gewürzen und dem Ei vermengen. Das gut gewässerte Schweinsnetz wie ein Tuch ausbreiten und die Fleischmasse in nussgrossen Häufchen darauf verteilen. Nun das Netz mit einer Schere oder einem scharfen Messer zerschneiden und jeweils um die Fleischbällchen hüllen. Diese in heissem Olivenöl ganz langsam knusprig braten und sogleich zu Tisch bringen.

Gran bollito di Langa

Gesottenes Fleisch

«Am besten gelingt der *Bollito*, wenn man ihn ganz gemächlich köcheln lässt, so, als hätte man ihn am Rand der Herdplatte vergessen. Auf diese Art wird das Fleisch butterzart, ohne zu zerfallen, und das Aroma überwältigend. Als Beilage sind die verschiedenen traditionellen Saucen, wie ich sie bei den Grundrezepten erklärt habe, geradezu ein Muss.»

Für 8 Personen

1 grosse Zwiebel
2 Rosmarinzweige
6 Salbeiblätter
3 Knoblauchzehen
Salz und schwarzer Pfeffer aus der Mühle
500 g gerollte Kalbsbrust (dünner Teil)
500 g gerollter Kalbsnacken
300 g Kalbskopf
300 g Kalbsschwanz
1 fleischiges Hühnchen
2 Cotechini (kleinere Schweinskochwürste)

In einem grossen Topf Wasser zum Sieden bringen. Die Zwiebel ungeschält halbieren und auf der Schnittseite braun rösten. Nun das Wasser salzen, die Zwiebel, die Kräuter und Gewürze hineingeben. Schliesslich das Fleisch hinzufügen, und zwar dasjenige mit der längsten Kochzeit zuerst. In unserem Fall dürfte dies der Kalbsschwanz sein, wohingegen das Hühnchen nur eine knappe Stunde Garzeit benötigt. Die Würste kocht man am besten in einem zweiten Topf und setzt sie unbedingt mit kaltem Wasser auf, damit die Haut nicht platzt. Wenn alle Zutaten gar sind, das Fleisch aus der Brühe nehmen, abtropfen lassen und heiss anrichten. (Bild rechts)

POLLO ALLA CACCIATORA

Huhn mit Tomaten und Peperoni

«Dieses Gericht ist irgendwann einmal auf unseren Bauernhöfen entstanden. Dort spaziert schliesslich immer ein wohlschmeckendes Huhn herum, wachsen ein paar Zwiebeln im Garten, etwas Knoblauch und reife Tomaten. Die Zubereitung ist einfach und die Komposition unübertrefflich.»

FÜR 4 BIS 6 PERSONEN
1 Brathuhn vom Bauernhof
Salz und Pfeffer aus der Mühle
Olivenöl extra vergine, am besten mit Rosmarin aromatisiert
1 grosse Zwiebel
3 grosse, dickfleischige Peperoni (Paprika)
4 reife Tomaten oder 300 ml eingemachte rohe Tomatensauce (Seite 28)
5 Knoblauchzehen
3 Lorbeerblätter
3 Rosmarinzweige
1 Glas trockener Weisswein
1 Glas Geflügelbrühe
Oregano

Das ausgenommene und gesäuberte Huhn in sechs Stücke zerlegen und diese mit Salz und Pfeffer einreiben. In einer Bratpfanne etwas aromatisiertes Olivenöl erhitzen und die Fleischstücke darin anbraten. In der Zwischenzeit die Zwiebel, die Peperoni und die Tomaten grob schneiden und die Knoblauchzehen zerquetschen. In einem Brattopf ein wenig Olivenöl erhitzen und erst die Zwiebel und den Knoblauch, dann das übrige Gemüse mit dem Lorbeer und Rosmarin darin dünsten, leicht salzen. Die angebratenen Hühnerteile auf dieses Gemüsebett legen, mit Weisswein ablöschen und diesen einkochen lassen, dann die Geflügelbrühe dazugiessen und den Brattopf verschliessen. Auf sanftem Feuer oder im Ofen bei mässiger Hitze 50 bis 60 Minuten schmoren lassen. Kurz vor dem Servieren etwas Oregano darüberstreuen: er rundet den Geschmack perfekt ab. (Bild rechts)

Tenerone di spalla agli ortaggi

Geschmorte Kalbsschulter

«Das piemontesische Fleisch, vor allem das Kalbfleisch, lässt sich auf tausenderlei Arten zubereiten. Die Kalbsschulter ist etwas Besonderes, und wenn sie nach dem Schmoren dann im Munde praktisch zergeht, verdient sie den Namen *Tenerone* – das Zarteste, was es überhaupt gibt – wirklich.»

Für 6 bis 8 Personen

1 kg gerollte Kalbsschulter
Salz und frisch gemahlener Pfeffer
2 Karotten
4 Zwiebeln
1 Stengel Bleichsellerie
¼ Peperoni (Paprika)
1–2 Tomaten oder 2 EL eingemachte rohe Tomatensauce (Seite 28)
5 Knoblauchzehen
1 Rosmarinzweig
1 Büschel Salbei
1 Lorbeerblatt
Olivenöl extra vergine
1 l Gemüsebrühe
100 ml Barbaresco

Die Kalbsschulter mit Salz und Pfeffer einreiben, das Gemüse grob würfeln, den Knoblauch und die Kräuter hacken. In einem Brattopf etwas Olivenöl erhitzen und das Fleisch darin anbraten, das Gemüse hinzufügen und kräftig mitrösten, den Knoblauch und die Kräuter daruntermengen und mit etwas Gemüsebrühe ablöschen. Zugedeckt bei sanfter Hitze gut 2 Stunden schmoren lassen, währenddessen immer wieder etwas Gemüsebrühe hinzufügen und das Fleisch mit dem Bratensaft übergiessen. Kurz vor Ende der Garzeit den Barbaresco dazugeben und einkochen. Den Braten herausnehmen und etwas ruhen lassen, damit man ihn besser tranchieren kann. Die Sauce abschmecken, durch ein feines Sieb streichen und über die angerichteten Fleischscheiben giessen. (Bild links)

Coscette di anatra stufate al Barbaresco

In Barbaresco geschmorte Entenkeulen

«Wieder handelt es sich um ein einfaches Rezept nach Hausfrauenart, das den zarten Fleischgeschmack voll zur Geltung bringt.»

2 Entenkeulen, bestehend aus Ober- und Unterschenkel
Salz und schwarzer Pfeffer aus der Mühle
Olivenöl extra vergine
3 Knoblauchzehen
3 Rosmarinzweige
2 Zwiebeln
1 Karotte
2 Stengel Bleichsellerie
2 Lorbeerblätter
1 Glas sehr guter Barbaresco
300 ml Gemüsebrühe

Die Entenkeulen auf der Hautseite absengen und hartnäckige Kiele mit einer Pinzette her-

Wer den Hügeln der Langhe und des Monferrato den Rücken zukehrt, staunt über die Weite der piemontesischen Ebene, die sich fernab in den Gebirgstälern nach Frankreich verliert. Getreidefelder wechseln mit Weideflächen, auf denen auffallend hellfarbene, weissliche Kühe grasen. Es ist eine einheimische Rasse, die sogenannte razza Piemontese. Sie gilt als besonders robust und macht die Tatsache, dass sich ihre Kälber und Rinder langsamer entwickeln als bei anderen Rassen, durch ein muskulöses, wohlschmeckendes Fleisch wett. Ihre Züchtung steht unter dem Schutz eines Konsortiums mit Sitz in Cuneo, das sie denn auch mit einem Garantiesiegel auszeichnet. Metzger, die dieses Fleisch führen, haben das Markenzeichen des Konsortiums – einen stilisierten Rinderkopf – in den Schaufenstern ausgestellt.

auszupfen. Sämtliche Fettpölsterchen entfernen, dann das Fleisch kalt abspülen, gut abtrocknen und mit Salz und Pfeffer einreiben. In heissem, mit Knoblauch und Rosmarin aromatisiertem Olivenöl scharf anbraten. In der Zwischenzeit das Gemüse fein schneiden und mit etwas Olivenöl und den Lorbeerblättern in einem Brattopf goldbraun rösten. Die Entenkeulen aus der anderen Pfanne nehmen und auf das Röstgemüse legen. Den Wein darübergiessen, zur Hälfte einkochen und ein wenig Gemüsebrühe nachfüllen. Zugedeckt auf sanftem Feuer mindestens 2 Stunden schmoren lassen und dabei immer wieder etwas Brühe nachgiessen. Vor dem Servieren die Sauce durch ein Sieb streichen. (Bild Seite 121)

FAGIANELLA ALL' ARNEIS

Fasan mit Arneissauce

«Während der Jagdzeit ist dieser Fasan das klassische Gericht. Früher liess man die Vögel sehr lange abhängen, damit sie den sogenannten Hautgoût bekamen. Aus den Innereien machte man eine säuerliche Vorspeise, zu der unsere *Salsa verde* vorzüglich passte. Heute liebt man das eher zarte Fasanenaroma und brät das Fleisch möglichst kurz, damit es nicht austrocknet.»

1 Fasan
Salz und schwarzer Pfeffer aus der Mühle
Olivenöl extra vergine
2 Scheiben Speck
3 Knoblauchzehen
1 Karotte
2 Stengel Bleichsellerie
6 Wacholderbeeren
100 ml trockener Marsala
200 ml Arneis
etwas Gemüsebrühe
1 EL gehackte Petersilie
2 EL eingemachte gekochte Tomatensauce (Seite 26)

Den ausgenommenen Fasan vorsichtig absengen und von restlichen Federkielen befreien. Dann kalt abspülen, gut abtrocknen, mit Salz und Pfeffer einreiben und in nicht zu heissem Olivenöl braten: erst die beiden Schenkelseiten je 10 Minuten, dann weitere 10 Minuten auf dem Rücken liegend, wobei die Brust fleissig begossen wird. Dann vom Feuer nehmen und an der Wärme etwas abstehen lassen. In der Zwischenzeit den Speck und den Knoblauch ganz fein hacken, die Karotte und den Sellerie sehr klein würfeln und die Wacholderbeeren zerdrücken. In etwas Olivenöl erst den Speck, dann die anderen Zutaten anbraten, mit Marsala und Arneis ablöschen, etwas einkochen und bei Bedarf noch etwas Gemüsebrühe nachgiessen. Eine Weile köcheln lassen und prüfen, ob die Sauce genug gesalzen ist. Kurz vor dem Anrichten die gehackte Petersilie und die Tomatensauce darunterziehen. Den Fasan tranchieren und die Stücke auf der Sauce servieren. (Bild rechts)

Dolci

Nachspeisen

Ein Essen ohne etwas Süsses als Abschluss ist einfach nicht abgerundet! Es gibt sogar Gäste, die erst beim Dessert richtig aufwachen. Andere wieder behaupten steif und fest, mit derart Leckereien überhaupt nichts anfangen zu können, und stibitzen schliesslich die Konfektschale leer. Die folgende Palette piemontesischer Desserts bietet für alle etwas. Ausser dem Zabaglione und den fritierten Akazienblüten können Sie alles im voraus zubereiten; einige Desserts – wie zum Beispiel die *Carlotta di pesche* oder das *Bonèt* – gewinnen nach einer gewissen Ruhezeit sogar an Geschmack. Vielleicht kühlen Sie rechtzeitig einen feinperligen Moscato, um ihn mit der Kastanientorte oder mit den *Schiacciatine,* den kleinen Sandkuchen aus Maismehl, zu geniessen.

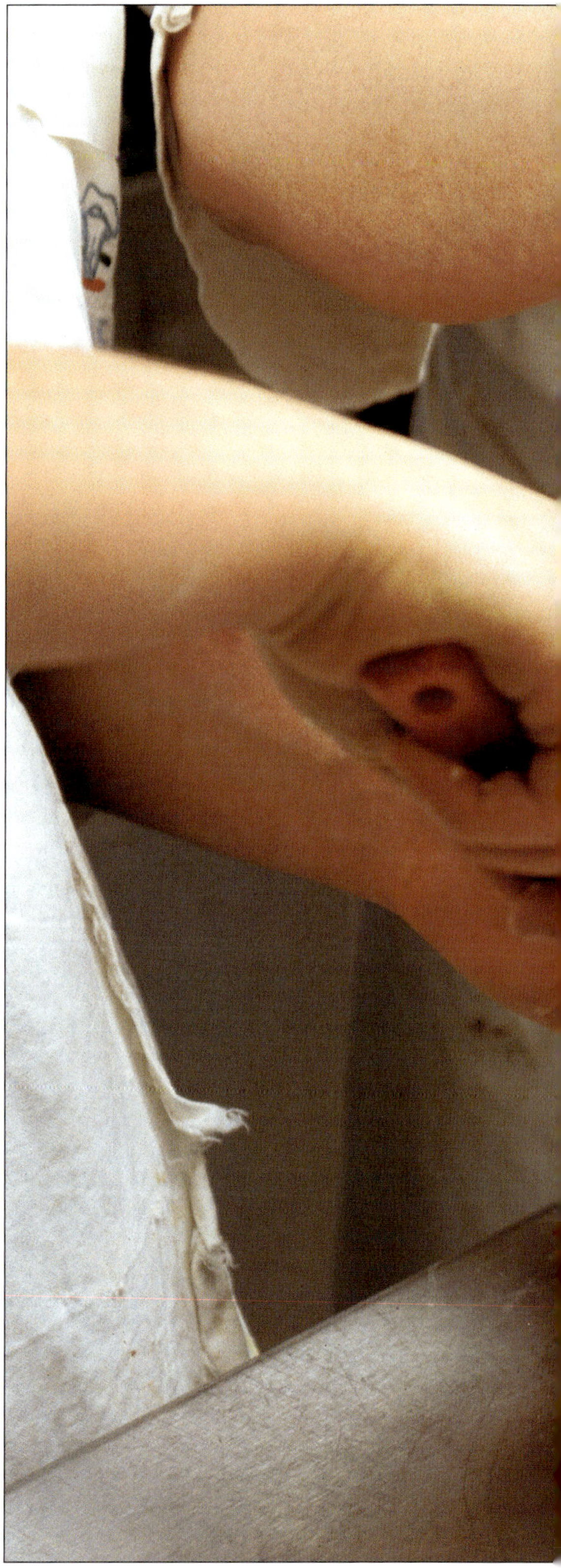

Baci di dama

Damenküsschen

«Die bürgerliche Küche hat dieses Gebäck erfunden. Raffiniert sind die Kontraste – hell und dunkel, süss und herb –, wobei die Haselnüsse, dieses Geschenk der Langhe, die wichtigste Rolle spielen.»

160 g Butter
200 g Zucker
1 Prise Salz
1 Päckchen Vanillezucker
360 g geschälte und geriebene Haselnüsse
200 g Weissmehl
20 g Kakao
60 g Zartbitterschokolade

Die Butter mit dem Zucker und einer Prise Salz schaumig rühren, dann den Vanillezucker, die Haselnüsse und das gesiebte Mehl damit vermengen. Den Teig halbieren und einen Teil mit dem Kakao vermischen. Beide Teigmengen in Klarsichtfolie wickeln und im Kühlschrank einige Stunden ruhen lassen. Dann aus beiden Massen haselnussgrosse Kügelchen rollen und diese 15 Minuten bei 190 °C im Ofen backen. Im heissen Wasserbad die Schokolade schmelzen, je ein helles und dunkles Kügelchen ein wenig hineintauchen und aufeinanderkleben. Auf einem Kuchengitter auskühlen lassen.

Arancini

Kandierte Orangenschalen

«Diese Nascherei ist so richtig geeignet für einen langen Nachmittag oder als Friandises zum Kaffee. Sie stammt aus der Küche unserer Grossmütter, die es einfach nicht übers Herz brachten, irgendetwas wegzuwerfen, und seien es auch nur Orangenschalen.»

2 kg Orangenschalen, unbehandelt
3mal 2 l Wasser zum Überbrühen
1 kg Zucker
1 l Wasser für den Sirup
100 g Zucker zum Wälzen

Von den Orangenschalen sorgfältig alles Weisse entfernen und dreieckige Plätzchen schneiden. Mit 2 Liter kaltem Wasser zum Sieden bringen und 2 Minuten kochen. Das Wasser abgiessen, erneut kaltes Wasser hinzugeben und den Vorgang noch zweimal wiederholen, um alle Bitterstoffe auszuspülen. Am Schluss die Orangenplätzchen sehr gut abtropfen lassen. In einem anderen Topf 1 kg Zucker mit 1 Liter Wasser aufkochen und umrühren, bis der Sirup klar ist. Die Plätzchen hineingeben und bei schwacher Hitze etwa 10 Minuten simmern lassen. Dazwischen immer wieder rühren, bis die Schalenstücke dick von Zucker glänzen. Auf ein Kuchengitter legen und über Nacht – nicht länger als 12 Stunden – trocknen lassen. In 100 g Zucker wälzen und in einem luftdicht verschlossenen Gefäss aufbewahren.

In Canelli, so erinnert sich der Ich-Erzähler in Cesare Paveses berühmtem Roman «La luna e il falò», trinken die Leute «nicht Wein, sondern erfrischende Getränke». Dass es sich um einen prickelnden Moscato oder Spumante handeln mochte, ist zwar nur eine Vermutung, aber eine verführerische. Immerhin ist Canelli das Zentrum der Schaumweinfabrikanten, unter denen der Name Gancia eine Pionierrolle innehat. Urgrossvater Carlo liess sich in der Champagne zu dieser Methode inspirieren und hatte dadurch grossen Erfolg und viele Konkurrenten. Heute wird für die Schaumweine aus den Muskatellertrauben auf die sehr heikle Flaschengärung verzichtet und das praktischere Verfahren in speziellen Druckbehältern vorgezogen. Ein Moscato – der typischste aller Dessertweine des Piemont – soll trotz seiner Restsüsse immer angenehm erfrischend und fruchtig schmecken. Im Gegensatz zu einem Spumante perlt er nur leicht und hat auch einen niedrigeren Alkoholgehalt (5–5,5% vol.). Um einen völlig anderen Wein handelt es sich beim Moscato passito, einer Trockenbeerenauslese. Das Paradebeispiel für die zwar alte, doch in jüngster Zeit wieder in Mode gekommene Herstellungsmethode gibt uns Giancarlo Scaglione von Loazzolo: An steilster, winziger Lage lässt er die weissen Muskatellertrauben bis weit in den November hängen und auf luftigen Holzrosten einschrumpfen. Die beiden sehr unterschiedlichen, teils edelfaulen Trauben werden von Hand sanft gepresst und in kleinen Eichenfässern vergoren. Mehrfaches Abziehen und Umfüllen ist nötig, aber nach ungefähr zwei Jahren geniesst man einen samtenen, eleganten Dessertwein, der wunderbar zum Käse – etwa einem reifen, leicht pikanten Castelmagno – passt.

Brutti e buoni

Haselnussgebäck

«Als *brutti* – hässlich – bezeichnen wir diese Plätzchen wegen ihrer unregelmässigen Form. Sie werden manchmal auch ‹Totenbeinchen› genannt, weil sie sich nach dem Backen so hart anfühlen. Aber sie sind gut – *buoni.*»

400 g Haselnüsse
4–5 Eiweiss von grossen Eiern (200 g)
400 g Zucker

Die Haselnüsse rösten, schälen und grob hacken. Das leicht aufgeschlagene Eiweiss mit dem Zucker in einen Topf geben, auf dem Herd bei mässiger Temperatur die beiden Zutaten gut vermengen, dann die Haselnüsse hinzufügen und die Masse langsam trocknen lassen. Sobald sie fest genug ist, nussgrosse Häufchen abstechen und auf ein mit Backpapier ausgelegtes Blech setzen. Im vorgheizten Ofen bei 150 °C noch einmal gute 30 Minuten trocknen lassen.

Schiacciatine di granturco

Kleine Sandkuchen aus Maismehl

«Weil man auf dem Land immer mit einem unverhofften Besuch rechnete, gehörte es noch bis in die jüngste Zeit zur hausfraulichen Ehre, etwas für solche Gelegenheiten vorbereitet zu haben. Es war eine Aufgabe für die Grossmütter, die besonders gern etwas Süsses backten, um es dann den Gästen mit einem Glas Moscato anzubieten. Sie trugen natürlich Sorge dafür, dass der Vorrat nie ausging – vielleicht auch, weil sie selber gern davon naschten.»

360 g Weissmehl
120 g Maismehl
240 g Zucker
1 Prise Salz
200 g Butter, in Stücke geschnitten
3 Eigelb
240 geröstete und gehackte Haselnüsse
evtl. etwas Milch, wenn der Teig zu fest ist

Das Mehl auf ein Brett sieben und den Zucker und das Salz darüberstreuen. In die Mitte eine Mulde drücken und in diese die Butterstückchen und die Eigelbe geben. Zügig und locker zu einem Teig mischen, dann die gehackten Haselnüsse schnell dazukneten. Daraus Würste von etwa 3 cm Durchmesser rollen, kalt stellen und anschliessend in rund ½ cm dicke Scheiben schneiden. Diese auf ein mit Backpapier ausgelegtes Blech legen und im Ofen bei 200 °C wenige Minuten backen.

Frittelle di fiori di acacia

Küchlein aus Akazienblüten

«Im Mai, wenn die Akazienbäume in voller Blüte stehen, ist die richtige Zeit für diese Küchlein. Ich serviere sie als Friandises zum Kaffee oder zur Eiercreme mit den Pfirsichblättern, die ich Ihnen im Rezept auf Seite 132 beschreibe.»

2 EL Zucker
100 ml Rum
20 Dolden Akazienblüten
2 EL Weissmehl
150 ml Olivenöl extra vergine
150 ml Maiskeimöl

Den Zucker im Rum auflösen und die Dolden mit den Akazienblüten rund 1 Stunde darin einlegen, damit sie etwas «beschwipst» werden. Herausnehmen, gut abtropfen lassen, dann mit einem Tuch oder Haushaltspapier trockentupfen und vorsichtig im Mehl wenden. Oliven- und Maiskeimöl zusammen erhitzen und die Blütendolden darin goldbraun fritieren. Sofort warm und knusprig servieren.
(Bild unten)

Torta pasquale di castagne bianche

Osterkuchen aus Kastanien

«Schwer zu sagen, warum ausgerechnet ein Kuchen aus getrockneten Kastanien zur grossen Ostertradition geworden ist. Aber in den Langhe und im Monferrato darf er bei diesem Fest nicht fehlen, und weil er so aussergewöhnlich schmeckt, sollte man ihn auch sonst ausprobieren.»

500 g getrocknete Kastanien
4 Eier
50 g geschmolzene Butter
100 g Weinbeeren, in Marsala eingelegt
1 grosser Apfel, in Scheibchen geschnitten
100 g Amaretti, in Rum getränkt
50 g Kakaopulver
50 g Zucker
1 Prise Salz
200 ml Milch

Die getrockneten Kastanien über Nacht in lauwarmes Wasser legen, eventuell schälen und im Einweichwasser weich kochen. Danach abschütten und durchpassieren. Nach und nach die anderen Zutaten mit dem Püree vermengen, stetig gut durchrühren und zu einem ganz weichen Teig verarbeiten. Ist die Masse zu trocken, noch etwas Milch hinzugeben.

Obwohl der Zabaglione – oder Zabaione – in vielen italienischen Küchen Eingang fand, ist seine Heimat das Piemont, genauer gesagt das noble Piemont, das der Savoyer und der Stadt Turin. Über die Herkunft des sonderbaren Namens wird etwas spekuliert: So soll die samtene Schaumcreme aus Wein, Zucker und Eiern bei den Turiner Konfiseuren des 17. Jahrhunderts so beliebt geworden sein, dass sie sie ihrem Zunftheiligen San Pasquale Baylon widmeten. Daraus sei der «Sa' Baylon» entstanden. Eine andere Version bezieht sich auf das ursprünglich illyrische Wort «sabaïu», das ein altes Gerstenbier bezeichnete. Die dritte Vermutung schliesslich führt nach Neapel – wo ja auch Garibaldi zu tun hatte – und zum napoletanischen Ausdruck «zapillare», was übersetzt einfach «schäumend» bedeutet. Gelegentlich streiten sich die Piemontesen darüber, ob der Zabaglione überhaupt als Dessert gelten dürfe. Lange wurde er nämlich als Stärkungsmittel eingenommen, allerdings mit Barolo statt mit Marsala zubereitet.

Eine Springform einfetten, mit Mehl bestäuben und den Teig einfüllen. Im mässig heissen Ofen (max. 140 °C) rund 30 bis 40 Minuten hellbraun backen. Zur Sicherheit die Probe mit der Stricknadel machen: Wenn beim Hineinstechen nichts daran haftenbleibt, ist der Kuchen gar.

Torta di nocciole

Haselnusskuchen

«Dieser Kuchen ist das typischste Gebäck der Langhe. Jede Familie hat dafür ein besonderes Rezept; die Hauptrolle spielen aber immer die Haselnüsse, von denen die hiesige Sorte, die *Tonda gentile,* die Königin ist.»

200 g Haselnüsse
3 Eier
1 Päckchen Backpulver
150 g Butter
200 g Zucker
1 Prise Salz
1 Tasse Milch
2 EL Olivenöl extra vergine
250 Mehl
Brotbrösel zum Ausstreuen

Die Haselnüsse rösten, schälen und mahlen. Die Eigelbe mit dem Backpulver aufschlagen, die Butter schmelzen und hinzufügen, dann nach und nach die übrigen Zutaten, zuletzt die Haselnüsse und das gesiebte Mehl, unterrühren. Eine Springform einfetten, mit Brotbröseln ausstreuen und die Teigmasse einfüllen. Im Ofen bei 160 °C etwa 40 Minuten backen.

Zabaglione

Weinschaumcreme

«Zur *Torta di nocciole* passt sehr gut ein Zabaglione, den ich folgendermassen zubereite:

Pro Person rechne ich ein Eigelb, einen Esslöffel Zucker, einen Eierbecher Rotwein oder Marsala. Im heissen Wasserbad schlage ich das Eigelb mit dem Zucker schaumig und giesse, wenn der Schaum schöne Bläschen bildet, den Wein hinzu. Ich schlage ständig weiter, bis eine luftige Creme entstanden ist. Nun ist der Zabaglione richtig. Servieren Sie dazu ein Blatt Minze: sie erfrischt nach dem Genuss von Eierspeisen angenehm den Mund.» (Bild rechts)

NEIVE ist die zweitgrösste Gemeinde des Barbaresco-Gebietes. Das Dorf teilt sich in eine Gewerbezone unten in der Ebene und den alten Ortsteil auf der Anhöhe mit ein paar Patrizierhäusern und dem Castello. Aus dem Keller dieses Schlosses stammte übrigens der erste «Barbaresco», der unter dieser Bezeichnung bekannt wurde, so wie Neive auch sonst nicht um international bekannte Namen und Persönlichkeiten der Wein- und Gastronomieszene verlegen ist: etwa Bruno Giacosa, Romano Levi – oder ganz einfach Claudia und Tonino Verro. Eher zur Insider-Adresse zählt das Istituto Professionale dell' Arte Bianca, eine höhere Fachschule für Konditoren, in der das Handwerk dieser Branche als Kunst gefördert wird. Dazu gehört auch die Herstellung der *Marrons glacés,* die sieben volle Tage beansprucht: ein Luxus in einer zunehmend von Rationalisierung bestimmten Zeit.

Die Grundmaterie dieser kandierten Maronen sind natürlich die Früchte selber. Rund und prall sollen sie sein, mit möglichst wenig Rillen, damit sie beim Kochen im Zuckersirup nicht auseinanderfallen. Noch bis zur letzten Jahrhundertwende überzogen dichte Kastanienwälder ganze Gebiete der Langhe und die Bergtäler um Cuneo. Dann aber verbreitete sich die gefürchtete asiatische Pilzkrankheit *Endothia parasitica,* die den Baumbestand vieler Gegenden ausrottete. Die einheimischen Sorten sind nun mit einer japanischen gekreuzt worden, nennen sich aber noch immer *Marroni di Cuneo.*

Maronen gibt es nur von speziell gezüchteten Kastanienbäumen, die gut gepflegt werden. Was sie von einer «gewöhnlichen» Esskastanie unterscheidet, ist die pralle, runde Form, und für die brauchen sie schon etwas Sorge. Flachere und kleinere Früchte werden in der Regel getrocknet, oder sie ergeben Pürees, Kastanienmehl u.ä. Für die *Marrons glacés* erfand Domenico Arselle, *Professore* an der Konditoreifachschule von Neive, folgende Kunst der Zubereitung: Nach traditioneller Manier kommen die Marroni zuerst in ein mehrtägiges Bad aus kaltem Brunnenwasser. Darauf folgt das Schälen der noch rohen Früchte. Das ist zwar mühsam, aber unbedingt erforderlich, erklärt Domenico Arselle, weil die Maronen auf diese Art viel weniger zerfallen, als wenn man sie zusätzlich blanchiert. Vor dem eigentlichen Kandierprozess bindet er die Maronen zum Schutz sogar noch in kleine Mulltücher. Vier bis fünf Tage lang werden die Früchte dann abwechselnd in Zuckersirup gekocht und ruhen gelassen. Zum Schluss löst man die Maronen aus ihren Mulltäschchen, lässt sie abtropfen und übergibt sie dem Ofen zum sachten Trocknen.

Der typische piemontesische Pfirsich war einmal weissfleischig, mit einer etwas rötlichvioletten Tönung. Er hatte eine flaumige Haut, die so richtig nach Pfirsich duftete. Und er hatte viel Geschmack, ein wenig herb zwar, aber in grosser Harmonie mit der Landschaft. Die Bauern pflanzten die Bäumchen zwischen ihre Reben, wo sie gelegentlich verwilderten. Dieser «Weinbergpfirsich» mit seinem konzentrierten Aroma gehört heute zu den gesuchten Raritäten.

PESCHE RIPIENE

Gefüllte Pfirsiche

«Wenn man Pfirsiche im Ofen schmoren lässt, bekommen sie einen runden und intensiven Geschmack. Er erinnert dann an die alte Sorte der verwilderten Weinbergpfirsiche, die oft mehr aus Stein als aus Fruchtfleisch bestanden, diesen Mangel aber mit einem unvergesslichen Aroma wettmachten.»

4 reife, aber feste Pfirsiche
3 EL Zucker
2 EL Kakao
5 Amaretti, zerbröselt
50 ml Rum
2 Eigelb
1 TL kandierte Früchte, klein gewürfelt
etwas Zitronenmelisse, fein geschnitten
einige Butterflöckchen

Die gewaschenen Pfirsiche halbieren, den Stein entfernen, und die Hälften noch etwas aushöhlen, damit sie mehr Platz für die Füllung bieten. Die Früchte in eine ausgebutterte Gratinform legen. Das herausgeschnittene Fruchtfleisch mit den übrigen Zutaten – bis auf die Butter – gut vermengen und in die Pfirsichhälften füllen. Wenn Sie einige Amaretti übrig haben, streuen Sie davon noch ein paar Brösel über die Füllung, dann verteilen Sie die Butterflöckchen darüber. Im Ofen bei 180 °C etwa 20 Minuten backen. Heiss oder lauwarm anrichten und vielleicht Eiercreme mit Pfirsicharoma dazu servieren. (Bild rechts)

CARLOTTA DI PESCHE

Pfirsich-Charlotte

«Diese Charlotte ist so richtig nach dem Geschmack der kleinstädtischen Bürgersleute. Überall in den Weingärten wachsen Pfirsichbäumchen mit saftigen Früchten, die auf Vorrat eingemacht werden oder auch zu folgendem Dessert verführen.»

FÜR 6 PERSONEN
1 kg reife, saftige Pfirsiche
500 g Zucker
abgeriebene Schale von 1 Zitrone

KONDITORCREME:
½ l Milch
2 ganze Eier, getrennt
2 Eigelb
100 g Zucker
1 Prise Salz
1 Päckchen Vanillezucker
50 g Mehl

1 Biskuitboden (Genueser Biskuit)

Die Pfirsiche in heisses Wasser tauchen, häuten und in Schnitze schneiden. Mit dem Zucker und der abgeriebenen Zitronenschale in einen Topf geben und vorsichtig kochen, bis sie fast kandiert aussehen.
Für die Konditorcreme die Milch aufkochen. In einer Schüssel die 4 Eigelb mit dem Zucker, dem Salz und dem Vanillezucker sehr schaumig schlagen, dann das Mehl unterrühren. Die heisse Milch unter ständigem Rühren mit dem Schneebesen zu dieser Masse giessen. Die Mischung in den Topf zurückgeben und erneut unter ständigem Rühren mit dem Schneebesen sachte aufkochen. Bei möglichst schwacher Hitze etwas köcheln lassen, dann zurück in die Schüssel giessen und sofort abkühlen. Die Ei-

Ähnlich wie die Weinbergpfirsiche pflanzten die Bauern die pere Martine, eine uralte piemontesische Birnensorte, zwischen den Rebzeilen an. Den Genuss offenbaren sie erst nach dem Kochen, wenn der Saft wie Honig von der Kelle tröpfelt und das Fruchtfleisch sich mit den Aromen von Wein und Gewürzen verbunden hat, ohne zu zerfallen. Keine andere Sorte vermochte ihre Qualitäten bis heute zu ersetzen, und so trifft man die kleinen, rötlichbraunen Birnen wieder vermehrt auf den einheimischen Märkten.

weiss zu Schnee schlagen und vorsichtig unterziehen.

Das Biskuit in drei Scheiben schneiden und eine Charlotten- oder Puddingform damit auskleiden. Etwas Creme auf die den Boden bildende erste Schicht giessen, dann Pfirsichkompott darüber verteilen und anschliessend wieder eine Schicht Biskuit darauflegen. So weiterfahren, bis alles aufgebraucht oder die Form gefüllt ist. Mit einer Schicht Biskuit abschliessen. Die Charlotte mit einem Teller beschweren und zugedeckt einige Stunden kalt stellen. Vor dem Anrichten stürzen und entweder pur oder mit einer heissen *Crema contadina* (nach folgendem Rezept) oder einem Zabaglione servieren.

Crema contadina alle foglie di pesca

Einfache Eiercreme mit Pfirsicharoma

«Die Pfirsichblätter haben ein ganz zartes, aber besonderes Aroma, das die alten piemontesischen Bäuerinnen auf ihre Weise nutzten. Ich finde, ihre Idee hat einen geheimnisvollen Charme, und die Creme passt wunderbar zu meinen anderen Pfirsichdesserts. Die Blätter kann man durch Zitronenmelisse oder Minze ersetzen.»

6 EL Zucker
3 EL Wasser
4 Eigelb
1 EL Weissmehl
½ l Milch
10 Pfirsichblätter, möglichst unbehandelt und gut gewaschen

Den Zucker goldbraun karamelisieren, dann den Topf vom Herd nehmen, das Wasser hinzugiessen und rühren, bis ein dickflüssiger Sirup entsteht. Etwas auskühlen lassen, die Eigelbe hinzugeben und mit dem Karamel verquirlen. Das Mehl in einer Tasse mit etwas Milch verrühren, die restliche Milch aufkochen und beides unter stetigem Rühren mit dem Schneebesen zu den karamelisierten verquirlten Eigelben in den Topf giessen. Die Pfirsichblätter hinzufügen, den Topf wieder aufs Feuer setzen und die Creme bei sehr sanfter Hitze unter ständigem Rühren einige Minuten köcheln lassen. Während des Auskühlens gelegentlich mit dem Schneebesen durchrühren, damit sich an der Oberfläche keine unschöne Haut bildet.

Timballo di pere Martine

Gedeckter Birnenkuchen

«Bei festlichen Anlässen werden die gekochten Birnen noch besonders hübsch mit dem Teig verziert. Sie erfreuen dann nicht nur den Gaumen, sondern auch das Auge.»

Für 6 Personen

Teig:
150 g Maismehl
75 g Weissmehl
100 g Zucker
1 Prise Salz
3 Eigelb
100 g Butter, in Würfel geschnitten

Gekochte Birnen:
500 g kleine Birnen, die beim Kochen nicht zerfallen
300 g Zucker
½ Flasche Barbaresco
1 Stück Zimtrinde
10 Gewürznelken

Das Mehl auf ein Brett sieben, Zucker und Salz darüberstreuen und in die Mitte eine Mulde drücken. Die Eigelbe und die in Würfel geschnittene Butter hineingeben, dann alles locker und schnell zu einem Mürbeteig verarbeiten.
Die Birnen schälen und halbieren, das Kerngehäuse entfernen. In einem Topf den Zucker mit dem Wein und den Gewürzen aufkochen, die Birnen hineingeben und simmern lassen, bis sie von dickem Sirup glänzen, dann auskühlen lassen
Nun den Teig nicht zu dünn (rund ½ cm dick) auswalzen und mit der Hälfte davon eine rechteckige, gebutterte Kuchenform auslegen. Die Birnen darauf verteilen und mit der anderen Teighälfte zudecken. Die Ränder zum Verschliessen aufeinanderdrücken und nach Belieben hübsch verzieren. Im nicht zu heissen Ofen erst 10 Minuten bei 140 °C, dann weitere 30 Minuten auf 160 °C steigend backen.

Semifreddo al torrone

Torroneparfait

«Dieses Dessert gibt es erst seit dem 18. Jahrhundert, als die alte und strenge Küche der Langhe sanftere und wohlhabendere Züge annahm. Honig, Zucker und Haselnüsse ergaben den Torrone, und sein Geschmack macht aus diesem Parfait wieder etwas sehr Typisches. Das Ganze basiert auf der Einfachheit und insbesondere auf der Reinheit und Güte der Rohprodukte.»

400 g Torrone
½ l Rahm
4 Eiweiss
4 Eigelb
4 EL Zucker
100 ml Rum
Kakaopulver und Staubzucker
frische Früchte oder Karamelsirup

Nach Turin reiste der Schweizer Schokoladenpionier François-Louis Cailler, um dort die Kunst der Cioccolatieri zu erlernen. Bis heute ist die Stadt ein Paradies für Süssmäuler: schliesslich gelten Gianduja, diese feine Nussmasse für diverse Schokoladebonbons, und die Marrons glacés als Turiner Erfindungen. Mittlerweile hat fast jede kleinere Stadt eine berühmte Pasticceria mit mindestens einer Pralinenspezialität, den sogenannten Baci. Meistens nennt man diese Pralinen dann einfach nach der jeweiligen Ortschaft, also Acquiesi, Cuneesi, Albesi usw. Die etwas herbere Variante, mit erdigem Kakaopuder bestäubt, nennt sich Tartufi, und ist vor allem in dem Gegend um Alba beliebt. In ähnlicher Vielfalt gibt es die Amaretti, die wie der Torrone – ein weisser Nougat – eine eigenständige, piemontesische Form gefunden haben.

Zuerst den Torrone mit einem Messer zerbröckeln, dann den Rahm steif und die Eiweiss zu festem Schnee schlagen. Nun die Eigelbe mit dem Zucker sehr schaumig verquirlen und erst den Rahm, dann den Eischnee unterheben. Schliesslich noch den Rum sowie den Torrone daruntermengen. Eine Terrinenform mit Klarsichtfolie auslegen, die Masse einfüllen und einige Stunden tiefkühlen. Die Form schon eine halbe Stunde vor dem Servieren aus dem Gefrierfach nehmen, dann ganz kurz in heisses Wasser tauchen und stürzen. Nun das Parfait in Scheiben schneiden, diese auf die Teller verteilen, mit Kakaopulver und Staubzucker bestäuben und mit frischen, zerkleinerten Früchten oder Karamelsirup (Rezept Seite 37) verzieren. (Bild Seite 137)

BUDINO AL MIELE

Honigpudding

«Die Verwendung von Honig hat bei uns Tradition, ebenso wie die von Ricotta, den man im Piemont *Seiràss* nennt. Beides zusammen ergibt einen köstlichen Nachtisch.»

400 g Ricotta
150 g Honig
50 ml Rum
3 Eigelb
200 g Weissmehl
1 Prise Salz
abgeriebene Schale von 1 Zitrone
50 g Zitronat, klein gewürfelt
3 Eiweiss
½ TL Backpulver
Zimtpulver und Puderzucker zum Bestäuben

Den Ricotta und den Honig in eine Schüssel geben und sehr gut miteinander verrühren, bis sie eine weiche Masse bilden. Dann den Rum und die Eigelbe einarbeiten, das Mehl portionenweise dazusieben, das Salz, die Zitronenschale und das kleingewürfelte Zitronat untermengen. Die Eiweiss zu Schnee schlagen und locker unterheben, am Schluss das Backpulver vorsichtig hinzufügen. Eine Springform von etwa 25 cm Durchmesser gut einfetten und die Masse einfüllen. Im vorgeheizten Ofen bei 150 °C rund 30 Minuten backen. Noch warm auf eine Tortenplatte stürzen und mit Zimtpulver und Puderzucker bestäuben.

BONÈT AL CAFFÈ

Mokkapudding

«Dies ist die modernere Version des Schokoladenpuddings, dessen Zubereitung ich Ihnen anschliessend erkläre. Durch den Mokka wird das Dessert ein wenig bitter und befriedigt selbst die verwöhntesten Gaumen. In unserem Restaurant La Contea serviere ich gern beide Versionen zusammen. Dazu reiche ich mit Vorliebe ein Apfelschnitzchen: nicht nur als Garnitur, sondern weil es den Mund erfrischt.»

8 Eigelb
200 g Zucker
½ l Rahm
8 Eiweiss, steif geschlagen
4 Tässchen ganz starker Kaffee

Die Eigelbe mit 8 Esslöffeln Zucker schaumig aufschlagen, den Rahm darunterrühren, dann den Eischnee und den Kaffee vorsichtig unterheben. Den restlichen Zucker goldbraun karamelisieren und eine Puddingform damit ausgiessen. Die Ei-Rahm-Masse einfüllen, in ein Wasserbad stellen und im Ofen bei 160 °C rund 40 Minuten garen. Vor dem Servieren ein paar Stunden kühl stellen, damit sich die Aromen gut verbinden. (Bild recht)

Bonèt al cioccolato

Schokoladenpudding

«Dieser Pudding ist das typischste aller piemontesischen Desserts; seine Herkunft verliert sich im Dunkel der Geschichte. Es gab ihn früher nur bei festlichen Gelegenheiten, und der Duft, den er verströmte, wenn er in einer Ecke des holzgefeuerten Herdes langsam garte, verbreitete eine besondere Stimmung.»

6 Eier
180 g Zucker
½ l Vollmilch
100 g Kakao von bester Qualität
100 g Amarettibrösel

Die Eier mit 6 Esslöffeln Zucker schaumig aufschlagen, dann die Milch, den Kakao und die Amarettibrösel darunterrühren und alles gut vermengen. In einem Pfännchen den restlichen Zucker goldbraun karamelisieren und mit etwas Wasser zu einem dickflüssigen Sirup auflösen. Den Boden und die Wände einer Puddingform damit ausgiessen, und nach dem Erkalten des Karamels die Puddingmasse einfüllen. Im Ofen bei 160 °C im Wasserbad rund 40 Minuten garen. Mit einer Stricknadel prüfen, ob die Masse fest geworden ist, dann herausnehmen und ein paar Stunden kalt stellen, damit sich die Aromen gut verbinden. (Bild unten)

Rezeptverzeichnis nach italienischen Bezeichnungen

Secondi piatti

Dolci

Rezeptverzeichnis nach deutschen Bezeichnungen